Gustav zu Putlitz

Karl Immermann`s
Theater-Briefe

zu Putlitz, Gustav
Karl Immermann`s Theater-Briefe
ISBN: 978-3-86267-455-8

Auflage: 1
Erscheinungsjahr: 2011
Erscheinungsort: Bremen, Deutschland

Europäischer Literaturverlag GmbH, Fahrenheitstr. 1, 28359 Bremen (www.elv-verlag.de).

Bei diesem Titel handelt es sich um den Nachdruck eines historischen, lange vergriffenen Buches aus dem Verlag von Alexander Duncker, Berlin (1851). Da elektronische Druckvorlagen für diesen Titel nicht existieren, musste auf alte Vorlagen zurückgegriffen werden. Hieraus zwangsläufig resultierende Qualitätsverluste bitten wir zu entschuldigen.

Theater-Briefe

von

Karl Immermann.

Herausgegeben

von

Gustav zu Putlitz.

Berlin.
Verlag von Alexander Duncker,
Königl. Hofbuchhändler.
1851.

Vorliegende Briefe, die zu veröffentlichen mir der angenehme Auftrag geworden ist, unterscheiden sich wesentlich von andern Briefsammlungen bedeutender Persönlichkeiten, wie unsere neuere Literatur deren so viele aufzuweisen hat. Ich setze die Erklärung dieses Unterschiedes an die Spitze des Buches, damit der Leser nichts anderes darin suchen möge als er finden wird; damit ihn nicht eine getäuschte Erwartung in dem Genuß dessen störe, was es ihm bietet.

Nicht den Schleier lüften von dem Privatleben unseres Dichters werden diese Briefe; keinen Blick öffnen in die geheime Werkkammer seines schaffenden Geistes; noch zeigen, wie dieser sich in den äußeren Verhältnissen bildete, und auf dieselben zurückstrahlte. Die vorliegenden Blätter gehören mit ihrem vollen Inhalte der Oeffentlichkeit an, wenn gleich sie jetzt zum ersten Male vor dieselbe treten. Der Titel bezeichnet einfach das Thema, das sie behandeln. Bühnenleitung, dramatische Kunst und Literatur, die moderne Bühne mit ihrer Berechtigung und Befähigung zum classischen Drama und zu den Dichtungen der romantischen Schule, bilden den Gegenstand der mehr oder weniger eingehenden Besprechungen. Daß diese Briefe besonders für diejenigen von Interesse sein werden, denen das deutsche Theater mit seinem Bestehen und Treiben, seiner Geschichte und seinen Hoffnungen am Herzen liegt, bedarf keiner weiteren Auseinandersetzung. Für diese haben sie die entschiedenste Bedeutung.

Die Düsseldorfer Bühne unter Karl Immermann wird in unserer Theatergeschichte immer eine merkwürdige Episode bleiben, denn eine Episode ist sie leider. Aus sich selbst, durch den schaffenden Geist ihres Leiters, und nur durch ihn aufgeblüht, ist sie auch in sich versunken, sobald er seine Hand von ihr zurückzog. Immermann hatte die gewohnte Bahn der hergebrachten Theaterleitungen überall und nach allen Richtungen verlaſſen. Er muthete dem Publicum ein Intereſſe an Dichtungen zu, die es bisher niemals auf den Brettern verfolgt hatte, und ſeinen Schauſpielern Stücke, die man gewohnt geweſen war zu den unaufführbaren zu zählen. Ich nenne nur: den wunderthätigen Magus und die Tochter der Luft von Calderon, den Tieck'ſchen Blaubart, Immermanns eigenen Hofer und Alexis. Die Darſtellungen gelangen und gewannen das Publicum. Durch unermüdliche und zahlreiche Proben wurde ein Enſemble erreicht, dieſes erſte Erforderniß dramatiſcher Darſtellungen, von dem wir jetzt auf der deutſchen Bühne, mit geringen Ausnahmen, nur noch durch Tradition wiſſen. Noch mehr: da Immermann jede bedeutendere Dichtung zuerſt ſeinen Schauſpielern vorlas, ehe er die Proben begann, dann mit jedem Einzelnen Leſeprobe der Rolle anſtellte, bis jeder Accent richtig, jede Intention des Dichters in das gehörige Licht geſtellt war, ſo erzielte er eine Einheit der Geſammtauffaſſung des Werkes, an die bei andern Bühnen nicht einmal gedacht wird, und die doch dem künstlerischen Ideal unbeschreiblich näher führt. Es bedarf keiner Auseinandersetzung zu beweisen, wie hoch diese Verbindung äußeren Zusammenwirkens von Rede, stummem Spiel und Gesammtbilde, mit der Einheit der innern geistigen Auffassung und Intention des Dichters forttragen mußte über die gewöhnlichen Darstellungen, die wie grobe Mosaike mehr Fugen zeigen als zum Bild verbundene Theile und auseinander fallen bei der geringsten Berührung.

Die sogenannten praktischen Bühnenleiter, die Routiniers der Kunst, die mit mitleidig schlauem Lächeln auf die Anfänge des Düsseldorfer Theaters geblickt hatten, konnten wenigstens Resultate nicht fortläugnen, die sie niemals aufzuweisen hatten, und die hier ohne hervorragende Talente, ohne außergewöhnliche Unterstützungen, einfach durch den Geist und die Energie des Lenkers, durch Fleiß, guten Willen und Fügsamkeit der Schauspieler hervorgebracht waren.

Wäre nicht die Düsseldorfer Bühne unter Immermanns Leitung durch die Ungunst der Verhältniſſe untergegangen, oder hätte der Dichter ein weiteres Feld für seine dramaturgiſche Wirkſamkeit, mit bedeutenderen Kräften und Mitteln erhalten, wer weiß ob er nicht das ganze deutſche Theater auf eine Stellung geführt hätte, die der Intelligenz der Nation, der Schätze unſerer Literatur würdig geweſen wäre? Wer weiß es ferner, ob er nicht die dichteriſchen Talente unſerer Zeitgenoſſen zu ſich herangezogen und der Bühne zugewandt hätte, von der ſie jetzt, und leider faſt in dem Maße ihrer poetiſchen Begabung und ihres künſtleriſchen Gefühls, abgeſtoßen werden müſſen?

Aber das Alles führt kein Wunſch uns zurück! Unfreundliche Zufälle zerriſſen die Fäden des Gewebes, die ſich ſo ſchön gefügt hatten, und der Tod ließ die Hand des Meiſters erſtarren, der ſie wieder hätte knüpfen können. Wir ſpinnen und haſpeln fort in gewohnter, gewöhnlicher Weiſe; wir klagen über das mehr oder weniger grobe Tuch, das die unechten Flitter, die wir einweben, nicht beſſer machen, — aber Rad und Haſpel ſind einmal im Schwung, das glatte Weberſchiffchen fliegt hin und wieder, das Handwerk geht, und weil man sich gewöhnt hat es Kunst zu nennen, hat man sich fast auch schon gewöhnt es dafür zu halten. Doch vielleicht läßt das Geschick der deutschen Bühne einmal wieder geweihtere Hände eingreifen in das Getreibe des Theaters, vielleicht bahnt sich eine Reorganisation an, die in glücklicher Verbindung von Schule, Studium und Talent das Theater aus der Reihe der Vergnügungen zum Range der Künste und der Bildungsinstitute wieder erhebt. Bei diesem Unternehmen würde immer wieder der Immermannsche Versuch, die Principien die er verfolgte, die Wege die er bahnte, die Erfahrungen die wir ihm danken, die Leitfaden sein, an denen man sich zu halten hätte. Der Meister leider kann uns nicht mehr lehren. Lernen werden wir immer von ihm, denn überhaupt können wir in der Kunst immer mehr lernen, als uns gelehrt werden kann.

Immermanns Absicht ein umfassenderes Werk über seine Bühnenleitung zu schreiben hat, wie so manchen Plan, der Tod zerstört. So bleiben uns als Nachrichten über dieselben, außer kleinen zerstreuten Notizen und Besprechungen, nur: ein noch ungedrucktes, sehr fleißig geführtes Theaterdiarium mit den genauesten Notizen über die Details der Bühnenführung, was jedoch nur in der Hand des Verfassers selbst, als Gedächtnißhülfe, zu einem allgemein nützlichen und werthvollen Werke hätte erblühen können. Ferner ein Aufsatz von Friedrich von Uechtritz im ersten Bande seiner „Blicke in das Düsseldorfer Kunst- und Künstlerleben." Von demselben Verfasser, der überhaupt durch Rath und That dem Unternehmen förderlich war, einzelne Aufsätze in den Blättern für literarische Unterhaltung. Dann Theaterkritiken von Grabbe, und endlich die umfassendsten Nachrichten im dritten Theil der Immermannschen Memorabilien, in einem in jeder Beziehung nicht genug zu empfehlenden Aufsatze: „Düsseldorfer Anfänge. Maskengespräche", zuerst erschienen in der deutschen Pandora. — Vorliegende Briefe werden sich an diese Nachrichten anschließen, und wenn der Herausgeber auch zunächst nur den Freunden der deutschen dramatischen Kunst, den Freunden Immermanns, in ihnen eine Reihe werthvoller Besprechungen zu bieten beabsichtigt, so kann er doch auch die Hoffnung nicht zurückhalten, daß sie einmal zur Hebung der Bühne, die ihm, wie so Vielen, am Herzen liegt, beitragen mögen.

Retzien, den 10. May 1851.

Gustav zu Putlitz.

An den Grafen von Redern in Berlin.

Hochgeborner Herr Graf.

Hochzuverehrender Herr General-Intendant.

———————

Ich habe im verwichenen Winter mit unserer hiesigen Bühne einen Versuch gemacht, der mir instructiv gewesen ist, und da Ew. Hochgeboren lebhaften Antheil an der Sache des deutschen Theaters nehmen, so erlaube ich mir, davon eine kurze Notiz zu geben. Seitdem ich reiflicher über Dramatisches und Theatralisches nachgedacht, kam es mir immer vor, als ob an der Verwilderung unsrer Bühne zwei Dinge hauptsächlich Schuld seyen: einmal der Umstand, daß sie gezwungen, tagtäglich etwas aufzutischen, dadurch schon den Keim des Gemeinen und Niedrigen in sich trägt, sodann aber, daß unsere Schauspieler meistentheils den richtigen Gesichtspunkt für ihre Kunst verlieren, und sich aus geistvoll reproduzirenden Organen für den Gedanken des Dichters zu selbstständig produzirenden Genies gemacht haben. Der letzte Punkt hat namentlich verursacht, daß das, was man Kunst der Recitation, Styl der Darstellung nennt, unsern Schauspielern fast verloren gegangen ist, und ihnen nur eine mehr oder minder piquante, immer aber unwahre Manier, so wie allerhand mimische Experimente verblieben sind. Zugleich hat er dem Nichtigen, welches jetzt mit Ausnahme der großen Sachen aus früheren Zeiten allein das Repertoir bildet, die Bahn gemacht, weil die Leute eben das nur noch zu spielen wissen, was ihnen durch keine geistige Macht einen Zwang auferlegt.

Das tägliche Spiel läßt sich einmal nicht aufheben, ich war daher immer der Meinung, daß man das Tagesrepertoir seinen gleichgültigen Gang gehen lassen, und nur dafür sorgen müsse, von Zeit zu Zeit dramatische Festabende zu bereiten, die uns denn doch hin und wieder die Bühne zu dem machten, weswegen sie den Griechen und Spaniern etwas so Wichtiges und Bedeutendes war. Die Verwöhnung der Schauspieler aber, das Schlimmste, schien mir nur auf dem Wege gründlicher Methode, die sich nicht auf allgemeine Wünsche und Rathschläge beschränkte, sondern die Sache praktisch an der Wurzel griffe, heilbar.

Diese Grundsätze leiteten mich, als ich im Anfang des Winters hier einen Theater-Verein stiften half, der es sich zur Aufgabe gesetzt hat, unsre hiesige Bühne einer heilsamen Umgestaltung entgegen zu führen. —

Ich bekam verfassungsmäßigen Einfluß auf die Leitung und Ordnung derselben, und beschloß nun gleich, den Tag dem Tage zu überlassen und alle Kraft nur auf Hervorbringung einiger Darstellungen zu verwenden, die den Schauspielern und dem Publico nur erst einmal wieder zeigen sollten, was es heiße, dramatische Gedichte als Gedichte auf der Scene zu verwirklichen. Ich suchte dies durch möglichst charakteristische und lebendige Vorlesungen, theoretische Vorträge, sorgfältige Leseproben, Recitir- und Scenen-Uebungen im Zimmer, und Theaterproben, die sich auch nach und nach so aus dem Einzelnen zusammenbauten, zu erreichen. Auf diese Weise in eigenthümlicher Weise vorbereitet, schritten vom 1. Februar bis zum 25. April, also in nicht vollen drei Monaten: Emilia Galotti, der standhafte Prinz und der Prinz von Homburg über die Bretter. Außerdem auch noch: Stille

Waffer find tief, von einem andern Mitgliede einstudirt.

Der Erfolg ist sehr erfreulich gewesen. Die Gesellschaft, so zerrüttet, wie eine nicht stehende nur seyn kann, und ohne ein einziges hervorragendes Talent, gelangte auf diesem Wege zu einem Ensemble und einem Styl in der ganzen Auffassung, der Alle, die überhaupt für das Beßre Sinn haben, ganz eigen berührte. Das Publikum, für welches diese Darstellungen geeigneterweise aus der Reihe der gewöhnlichen Abende geschieden wurden, sah ihnen mit Spannung entgegen, und wohnte ihnen in gedrängtvollen Häusern mit lebhaftem Interesse bei, welches sich in der Emilia und im Homburg bis zum Enthusiasmus steigerte. Ich bin daher auch entschlossen, bei der hiesigen Bühne diese Verfahrungsweise fortzusetzen.

Entschuldigen Ew. Hochgeboren, wenn ich über einen Gegenstand, der mich sehr beschäftigt hat, vielleicht zu redselig geworden bin. Ich bitte, die Versicherung ausgezeichneter Hochachtung und Verehrung zu genehmigen, mit welcher ich bin

Ew. Hochgeboren

Düsseldorf,
den 28. April 1833.

gehorsamster

Immermann.

Hochgeborner Herr Graf.
Hochzuverehrender Herr General=Intendant!

Ew. Hochgeboren abermalige geneigte Zuschrift vom 5. d. M. habe ich zu erhalten die Ehre gehabt. Ich ersehe daraus, daß Ihre früheren und nachherigen brieflichen Aeußerungen nicht auf allgemeinen conventionellen Höflichkeiten beruhen, sondern aus der ernstlichen Absicht entsprungen sind, mich zum Nutzen der dortigen Bühne thätig zu wissen. Wie ich nun für eine so gütige Gesinnung mich sehr dankbar fühlen muß, so ist es auf der andern Seite auch meine Pflicht, mich über den Gegenstand ohne Rückhalt aufrichtig zu erklären.

Ew. Hochgeboren wünschen von mir dramatische Arbeiten für die dortige Bühne. Darauf kann ich zuvörderst erwidern, daß manche Stoffe seit Jahren in mir durchgedacht sind, und daß es vielleicht nur des letzten Anstoßes bedürfte, um sie nach und nach auszuführen. Noch größere und sichere Thätigkeit glaubte ich aber wohl in Bearbeitung, Ergänzung, Accomodation bereits vorhandener, fremder Werke, welche entweder gar nicht auf das halten, die der Bühne, in irgend einer Beziehung eine Aufgabe, Neues zu wagen, zumuthen.

Ich stimme ganz mit Ew. Hochgeboren überein, daß ein dramatisches Werk der sogenannten realen Bühne gemäß seyn müsse, die Frage aber ist: Was ist denn die reale Bühne? Dürfen wir wohl mit gutem Gewissen antworten: Wir finden sie auf den Brettern, die schon seit Jahren sich jeder Anregung durch etwas Frisches, Poetisches widersetzen, und nur das geschickte Mittelmäßige, die Fabrikarbeit zu tragen wissen? Wie war es doch sonst anders! Wie ging von der Empfänglichkeit der Bühne für alles Geistigbedeutende eine so ungeheure Wirkung über die Nation aus? Wie hat der Wallenstein gezündet, weil man ihn mit Haut und Haare gab, so bald er fertig war, obgleich denn doch wahrlich nicht gesagt werden kann, daß diese drei weitläuftigen Theile mit zahllosen Wiederholungen und Stillständen der Handlung im gewöhnlichen Sinne Theaterstücke waren. — Ist es nun nicht eine eigne zum trübsten Nachdenken auffordernde Erfahrung, daß diese Stücke a la douzaine, die seit einigen Jahren die einzige Nahrung des Abends ausmachen, denn doch auch so gar keine Geltung in der Literatur erlangen, irgend etwas anregen, und troß alles Applauses auf der Scene, nicht einmal gelesen werden? Ich bin kein Rigorist; das Jahr ist lang, und dergleichen hat zur Ausfüllung der Tage immer seinen relativen Werth; aber die furchtbarste Karrikatur des Zustandes tritt ein, wenn solche ephemere Erzeugnisse in den Alleinbesitz kommen, wenn nach ihnen bemessen werden soll, was der Bühne gemäß sei, was nicht.

Wir können uns eine Bemerkung nicht hinwegläugnen. Das Theater ist auf dem Wege, den es betreten, mit der Cultur der Nation in Widerspruch gerathen. Es war einst National-Angelegenheit, den Gebildetsten wichtig, und es ist — zum Zeitvertreib geworden, den Niemand unter den Culturmitteln mehr in Anschlag bringt. Sehr traurig! und die Verflachung so vieler Menschen hängt hiemit näher zusammen, als man denkt. —

Man müßte also wohl einmal die Sache von einer andern Seite anregen, wenn man die Bühne regeneriren will. Nicht den Dichter zu den verbrauchten Convenienzen der Bretter hinabzuziehn, sondern jene zu den Gedanken der Dichter emporzuheben, das schiene mir die Art und Weise, wie man nach und nach ein reales Theater im wahren und großen Sinne schaffen könnte. Das Repertoir bedarf einer durchgreifenden Erfrischung. Diese leitet man immer am zweckmäßigsten durch bereits vorhandene, aber fremd gewordene Werke großer Meister ein, denn da steht uns Autorität, Erinnerung, Tradition helfend zur Seite. Ich will Ew. Hochgeboren, wenn mir noch die Ehre Ihres Besuchs wird, ein ganzes Verzeichniß von solchen Sachen vorlegen, auf welche ich lange mit der Absicht, sie zu bearbeiten mein Augenmerk gerichtet habe, und wodurch einem Institute ein ganz neuer Impuls gegeben werden könnte. Hiemit wäre denn successive die Aneignung der in der Zeit entstehenden Sachen von wirklichem poetischen Gehalt zu verbinden.

Eine zweite Maßregel dürfte seyn, gleich bei sich im Stillen von vorn herein eine Scheidung zwischen den gewöhnlichen Abenden und den Darstellungen großer genialer Werke zu machen. Diese letztern müßten academisch behandelt werden, man müßte das Einstudiren derselben auf eine freilich von den gewöhnlichen Vorbereitungen abweichende Weise versuchen. Hier kommen wir freilich auf den kränksten Punkt der Sache, auf die Schauspieler.

Nicht, daß es uns an darstellenden Talenten fehlte. Aber allen, die ich wenigstens kenne, fehlt es an Styl und Schule. Ich verstehe darunter die Fähigkeit des Schauspielers, sich unter den Gedanken des Gedichts im Ganzen und Einzelnen völlig unterzuordnen. Unsre Schauspieler haben im besten Falle nur Manier, sie produciren sich oder piquante Einzelheiten, wodurch der Zusammenhang eines Werks zersplittert wird. Ferner ist die Recitation des Verses — die kunstgemäße nämlich — beinahe verschwunden.

Mit den Aeltern wäre da nun freilich wenig anzufangen. Man müßte suchen die Jugend heranzubilden. Ich glaube, daß eine Art von Schauspielerschule, worin die Jüngeren zur stylhaften Darstellung und Recitation angeleitet würden, möglich wäre und bald Früchte bringen könnte. Schlüge die Methode an, so würden die Aeltern ganz von selbst genöthigt, sich zusammen zu nehmen, oder das jüngere Geschlecht würde sie überflügeln.

Alle diese Sachen wären freilich sehr weise und bedächtig anzugreifen. Am wenigsten dürfte man auf der Stelle schlagende Resultate erwarten. Die Wirkungen würden sich im Ganzen immer nur nach und nach zeigen.

Verzeihen Ew. Hochgeboren den weitläuftigen Brief, das Interesse an dem Gegenstande hat mich fortgerissen. Ich bitte Ew. Hochgeboren es nicht für Eigensinn zu halten, wenn ich auf die Weise, wie sie es zu wünschen scheinen, der dortigen Bühne mich nicht zuneigen kann. Ich würde aber wirklich nur die Möglichkeit vor mir sehen, ihr nützlich zu werden, wenn ich in Berlin selbst wäre, und dort eine mir zusagende, meinem innern und äußern Beruf nicht schadende Existenz gewönne, welche eine wahrhafte produktive Wechselwirkung zwischen Ew. Hochgeboren, der Bühne und mir hervorbringen müßte.

Genehmigen Ew. Hochgeboren die Versicherung ausgezeichneter Verehrung, womit ich beharre

Ew. Hochgeboren

Düsseldorf, den 21. Mai 1833.

ganz gehorsamster

Immermann.

An Eduard Devrient.

1.

Sehr angenehm berührten mich Ihre freundlichen Zeilen, werther Herr und Freund, die ich gestern erhielt. Man ist in diesen Zeiten der Kälte zuweilen in Gefahr, zu erstarren, oder sich gänzlich zu resigniren, was das Nämliche bedeutet; aus solchem beginnenden Seelenschlummer weckt Einen dann wieder einmal ein herzlicher, liebevoller Zuruf wie der Ihrige.

Die Epigonen sind zum rechten Schiboleth geworden zwischen Gilead und Ephraim. Die Lebenden und Gesunden finden darin Leben und Gesundheit, die Kranken und Schwachen erschrecken davor und rufen in ihrer Herzensangst: Nichts als Tod und blasirtes Wesen! — So verräth ein Jeder sein Inneres an diesem Buche. Was mich betrifft, ich hätte lieber alles Andere gethan, als mich drei Bände hindurch mit Müll und Mottenfraß befaßt. Ich schrieb es in großer Lust, Liebe und Freudigkeit; es war mir viele Jahre lang mein treuester Nacht= und Taggefährte; die Menschen, deren Schicksale das Buch erzählt, gingen wie leibhaftige mit Fleisch und Blut bei mir aus und ein. Nun, meine ich, aus solchen Stimmungen kann wohl nichts Abgestorbenes entspringen.

Lieb ist es mir, daß Sie besonders die letzten Schicksale hervorheben, die, wie auch ich glaube, gut gemacht sind. Man hat die Katastrophen zu sehr einander drängend und überstürzend finden wollen; ich kann aber diesen Tadel noch nicht für richtig anerkennen, glaube vielmehr, daß ein allgemeines herbes Schicksal hier motivirt und durch die früheren Bücher vorbereitet war.

Herrmanns nächtliches Suchen nach einem Abendessen ist allerdings eine Reminiscenz unseres damaligen Gangs zu Lutter. Es war mir so komisch und merkwürdig, in der großen Stadt von 200,000 Einwohnern Abends 11 Uhr alle Läden geschlossen zu finden, daß die Erinnerung mir unwillkürlich in die Feder kam.

Ihrem feinen und geistreichen Stücke habe ich alle die Sorgfalt zugewendet, welche es verdiente. An der Darstellung würden Sie, glaube ich, Ver=

gnügen gehabt haben; unsere Bühne ist für das Conversationsstück wirklich bis zu einem gewissen Grade der Ausbildung gediehen. Die Aufnahme war noch viel günstiger als ich gerade dem Souffleur detailliren mochte; das Publikum bezeugte sich ganz glücklich über das Stück.

Sehr viel Gutes ist mir von Ihnen und ihrem künstlerischen Fortstreben seither erzählt worden, noch neuerdings durch Herrn von Uechtritz, der Sie in der Schule des Lebens (nisi fallor) gesehen hatte. Klarheit, Harmonie und Maaß sind die Eigenschaften, durch die Sie zu wirken sich bestreben; Eigenschaften, welche unsere soi disant Genies, die die Bühne zerrüttet haben, nur zu sehr entbehrten und entbehren. Das deutsche Theater krankt gegenwärtig an drei Hauptgebrechen.

1. Der Begriff einer Schule ist fast ganz verschwunden, eine stätige methodische Ausbildung wird verachtet, die Mittelstufen werden übersprungen, und diejenigen, welche einen gewissen Grad der Vollkommenheit erreichten, wissen von jener Fähigkeit, immer wieder von vorn anfangen zu können, welche eigentlich den stylhaften Meister vom Manieristen unterscheidet, nichts. Sie gleichen hierin einem Maler, der, weil er berühmt geworden, es

unter seiner Würde halten wollte, Studien nach der Natur zu machen, oder Acte zu zeichnen.

2. Der Schauspieler stellt sich über das Gedicht, und glaubt erst, Etwas aus demselben machen zu müssen, statt das gerade umgekehrt das Gedicht aus ihm etwas machen soll. Er hat seine Stellung als reproductiver Künstler aufgegeben, und ist naturgemäß dadurch in das Gebiet willkührlicher und grillenhafter Produktion gerathen.

3. Das mimische Element hat die Ueberhand über das recitirende gewonnen, statt daß es umgekehrt sein sollte, denn die Poesie ist eine Kunst der Rede, das Vehikel also, wodurch die dramatische zur vollen Erscheinung gelangt, muß primo die Rede und erst secundo das Spiel der Gesichtsmuskeln, der Hände und Füße seyn.

Was ich hier habe thun können, die Fehler und Verirrungen auszurotten, ist, wie ich glaube, seit diesen drei Jahren geschehen. Da mir keine großen Talente zu Gebote standen, so habe ich mich wenigstens bestrebt, aus Jedem so viel zu machen, als aus ihm werden konnte, und durch immer neue Aufgaben die Kräfte in Spannung zu erhalten. Denn ein poetisches Repertoir ist eigentlich das α und ω einer geistigen Bühne. Noch kürzlich brachte ich Calderon's wunderthätigen Magus und den zweiten Theil der Tochter der Luft mit einem Vorspiele auf die Bretter. In letzterem Stücke ließ ich Semiramis und Ninyas von einer Schauspielerin spielen und das Experiment gelang. Auch die beiden Theile des Alexis wurden in voriger Woche wieder gegeben. Zunächst stehen nun Kleist's Schroffensteiner bevor.

Uebrigens geht die Bühne Ende März wegen Mangels an ferneren Subsistenzmitteln ein. Manches hätte vielleicht hier noch möglich werden können, wenn ein edler Fürst diese Anstalt unter seinen Schutz genommen hätte.

Richard II. hätte ich gern gesehen. Von der theatralischen Gestalt der ersten Akte habe ich keinen rechten Begriff; verdienstlich ist es aber immer in hohem Grade, solche Sachen vorzuführen, welche die Leute denn doch zu Sammlung und Nachdenken nöthigen.

Verzeihen Sie mir den weitläufigen Brief, und sehen Sie wenigstens daraus, welches Vergnügen es mir macht, mich mit Ihnen zu unterhalten. Mit den besten Wünschen

Düsseldorf, aufrichtig ergeben
den 1. Febr. 1837. Immermann.

2.

Düsseldorf, den 3. August 1837.

Verehrter Herr und Freund!

Ich habe heute an den Grafen Redern das Manuscript eines Trauerspiels: die Opfer des Schweigens, mit der Bitte um Darstellung auf Ihrer Bühne abgesandt. Es ist eine Liebestragödie, deren Inhalt meines Erachtens in keiner erdenklichen Beziehung verfänglich erscheinen kann, und die daher zu geben ist, wenn man sonst will. Da ich nun aber weiß, daß die Darstellung dramatischer Dichtungen, wenn sie nicht zu dem uns bekannten edlen Genre gehören, gegenwärtig Ausnahme von der Regel ist, sofern nicht am Orte Jemand die Sache der Preis gegebenen führt, so wollte ich Sie, im Vertrauen auf Ihre freundlichen Gesinnungen gegen mich, ergebenst gebeten haben, das Patronat meines Stückes zu übernehmen, d. h. zuvörderst gefälligst letzteres zu lesen, und wenn es Ihnen darstellbar vorkommt, durch Nachfrage und Anregung das Schiff womöglich vom Stapel zu bringen. Ich wünsche, daß es im Spätherbst gegeben wird, weil dann die beste Zeit für neue Sachen ist.

Gern würde ich Ihnen die Mühe ersparen, wenn ich ein anderes Mittel kennte, meinen Zweck zu erreichen. Verzeihen Sie also meine Dreistigkeit und seien Sie versichert, daß mich nichts mehr freuen würde, als Ihnen wieder dienen zu können.

Ueber die Dichtung sage ich weiter nichts. Sie muß sich selbst empfehlen, oder es ist nichts daran. Ich schrieb das Stück als ich die Direktion der hiesigen Bühne niedergelegt hatte, sieben Jahre nach dem Alexis, der letzten meiner dramatischen Arbeiten.

Aufrichtig ergeben

Immermann.

3.

Würzburg, den 21. September 1837.

Recht herzlich, mein verehrter Freund, bin ich durch Ihre Zeilen und durch Ihre Theilnahme an meinem Stücke erfreut worden. Ihre Ausstellungen finde ich sehr begründet. Die zweite Intrigue, die Intrigue Aretin's, war mir in ihrer endlichen Catastrophe immer ein Stein im Schuh. Ich konnte sie nicht entbehren, und wußte sie doch im letzten Akt nicht so einzuflechten, daß Aretin fortwährend bedeutend vor den Zuschauern blieb und doch das Haupt=Interesse, welches sich nur auf Ghismonden und ihren Vater concentriren sollte, nicht störte. Ich habe diese Parthie wohl dreimal umgearbeitet, ohne mir zu genügen.

Das ist nun also ein Fehler des Werks, aber ein Fehler, den ich, wenigstens vor der Hand, nicht verbessern kann. Es muß mit diesem Fehler sein Schicksal versuchen. Ich tröste mich damit, daß wohl jedes dramatische Werk irgend einen Punkt der Schwäche hat, und damit, daß Aretin in den ersten Akten zu bedeutend ist, um nicht auch seine Stelle, dankbar für Zuschauer und Darsteller, auszufüllen.

Den zweiten Tadel, die Aufruhrscene betreffend, dessen Richtigkeit mir ebenfalls einleuchtete, konnte ich desto leichter beseitigen, da ich in der That nur meine erste Redaktion herzustellen hatte. Ich hatte diese Scene so geschrieben, wie Sie wünschen, und schrieb auf fremden Rath um, wodurch sie die aphoristische, charakterlosere Gestalt erhielt. Beiliegend sende ich sie Ihnen. Wollen Sie wohl die Güte haben, bei dem Regisseur, Herrn Stawinsky, dem ich mich bestens zu empfehlen bitte, zu veranlassen, daß diese geringe Variante dem Buche und den Rollen einverleibt werde? — Die Empörer müssen nur durch sichere und geübte Leute besetzt seyn und die Scene muß überhaupt äußerst rund und rasch einstudirt werden, damit Tancred nicht zu schweres Spiel während derselben hat. Dagobert muß ferner durch seinen Gestus marquiren, daß er in der Meinung steht, die Aufrührer wollen die Seitenthüren, wo des Fürsten Gemächer angenommen werden, stürmen, da er den Fürsten nicht sehen darf. Um dieß natürlich erscheinen zu lassen, muß er so weit als möglich vom Theobald und Tancred ab, und auf der zweiten Linie des Theaters stehen, dann verdeckt Theobald wirklich den Tancred vor ihm.

Auf die Besetzung bin ich sehr gespannt; benachrichtigen Sie mich doch gefälligst von derselben, wenn sie geschehen ist. Die Damen-Rollen ergeben sich von selbst. — Fräul. von Hagn die Prinzessin, Frau Wolf die Oberhofmeisterin (nur ja keine Andere!) die Hofdamen beide Stichs. — Die kleinen Rollen der b'Este, Morsisa müssen auch in guten Händen seyn, wie denn überhaupt die Hofscenen des 1sten und 2ten Akts das allersorgfältigste

Spiel erfordern und vor allen Dingen g r o ß e
R a s c h h e i t.

Hinsichtlich der Männer schwebe ich wegen
Lemms Tode bei Tancred und Aretin in Ungewiß=
heit, da durch jenen Todesfall die Personal=Ver=
hältnisse sich so wesentlich geändert haben. Man=
fred — Herr Grua. Dagobert — Herr Wauer.

Guiscardo ist von der größten Wichtigkeit. Von
seinem Spiel im dritten Akte hängt so ziemlich der
Erfolg ab. Wird dieser Charakter in seiner Ju=
gend und Frische, in seiner einschmeichelnden, hin=
reißenden Gluth und Hingebung, in seinem lyrischen
Taumel und geistigen Platonismus verstanden und
ausgeprägt mit allen Nüancen und Schattirungen,
so wird die Stimmung und das Schicksal Ghis=
mondens auch begriffen werden. Wird er wie ein
gewöhnlicher jugendlicher Liebhaber abgespielt, so
kann das Stück daran scheitern.

Ich weiß wohl, daß Ihr Rollenkreis mehr in
der Sphäre der Ideenhelden liegt, wie Posa, stand=
hafter Prinz u. s. w., indessen wünschte ich doch,
daß Sie den Guiscardo erhielten; ich würde dann
am sichersten seyn.

Thun Sie Ihr Bestes bei Redern oder sonst
wo, daß das Stück bald und ordentlich gegeben

wird. — Hat es einen Erfolg, wenn auch nur einen succès d'estime, so wird mich das ermuntern, ferner für die Bühne thätig zu sein — andernfalls verlangt es die Vernunft, die ich doch nun im Schwabenalter erlangt haben muß, daß ich mich für immer entschieden resignire.

Die Vollmacht, passenden Orts zu kürzen, haben Sie. Soll ich dieserwegen an Stawinsky schreiben?

Ihre Anfrage wegen Hamlet beantworte ich, so wie ich nach Düsseldorf zurückgekehrt bin, aus meinem dramaturgischen Tagebuch genau und ausführlich.

Wenige Stunden vor meiner Abreise nach Franken erhielt ich Ihren Brief. Ende dieses Monats bin ich wieder in Düsseldorf.

Ganz der Ihrige

Immermann.

4.

Auszug aus einem Theater-Diario in Betreff der fraglichen Punkte in Hamlet.

Die Schauspielscene gehört zu den wichtigsten im Hamlet, denn sie bildet die Peripatie der Tragödie. Bis zu ihr ist die Möglichkeit vorhanden, daß der König sich in seiner Lüge aufrecht zu erhalten werde im Stande seyn, daß Hamlet sich beruhigen werde, daß das Wort des Geistes werde vergebens gesprochen seyn.

Nach derselben fallen diese Möglichkeiten hinweg; der König ist grenzenlos compromittirt. Er muß Hamlet hinwegzuschaffen suchen; der Held seinerseits wird endlich doch, alles Sträubens gegen einen kräftigen Entschluß ungeachtet, das Schwert zu ziehen haben.

Sie würde auch zu den theatralisch wirksamsten gehören, weil der Zuschauer die Gewißheit voraus hat, daß ein großer Effect eintreten wird, der Dichter aber diesen Effect so gradatim und langsam als möglich präparirt, und ihn gleichsam nach seinem ganzen Ertrage exploitirt. Derartige Scenen sind aber immer die drastischesten.

Gleichwohl pflegt unsere vorliegende ziemlich bedeutungslos zu verrauschen, und daran ist die hirnlose scenische Anordnung derselben Schuld. Man läßt nämlich:

a) die kleine Comödie ohne Vorbereitung hereinstolpern, da sich dann die gestelzten Verse derselben unmittelbar auf die gehaltvollen Reden des Stücks ziemlich albern ausnehmen müssen. Man beachtet, wie so vieles Gute, auch das nicht, daß die Bücher, deren Anweisungen sich doch auf die alte scenische Tradition gründen, die vorangehende Pantomine mit Musik ausdrücklich vorschreiben.

Man pflegt

b) das kleine Theater im Hintergrunde mit einem schönen Vorhang versehen, anzubringen. König und Hof sitzen vor der Bühne bis zum ersten Flügel hinab und zeigen den Zuschauern ihre Profile. Hamlet pflegt am gegenüberstehenden ersten Flügel zu sitzen, wohin man dann nothgedrungen auch Ophelie placiren muß.

Abgesehen davon daß durch dieses Arrangement Alles eher, als die Vorkommenheiten einer Theaterdarstellung versinnlicht wird, so tritt nun auch durch dasselbe die Scene außer jedem Contact mit dem Sinn der Zuschauer, alle Mitwirkende werden entweder paralysirt oder isolirt; sie ist ohne irgend einen Brennpunkt.

Aus der Erwägung dieser Misgriffe entsprangen für die Düsseldorfer Aufführung folgende Haupt- und Grundmodificationen, die eigentlich schon der gesunde Menschenverstand an die Hand giebt.

ad 1. Vor der gesprochenen Comödie wurde die Pantomine, den Inhalt der Handlung anzeigend, genau nach der Vorschrift im Buche auf der kleinen Bühne gespielt. Musik begleitete sie, die Rietz sehr hübsch gesetzt hatte und vom Orchester aus dirigirte.

Dadurch löste sich die kleine Comödie von der Haupthandlung so weit ab, als sie sich lösen muß, um das bedeutende Motiv zu werden, welches sie nach der Intention des Dichters sein soll.

König und Königin schwatzen während der Pantomine nach Sitte vornehmer Personen mit einander, Polonius kann auch in die Conversation gezogen werden, so merken die Gewissenkranken Nichts von dem, was ihnen bevorsteht und werden erst aufmerksam, wenn der Dialog beginnt.

ad 2. Von einer formirten Bühneneinrichtung

im Schlosse (wenn überhaupt eine solche in Shakespears Anschauungskreise hätte liegen können) ist nirgends im Buche die Rede, und Hamlet wird in seiner Stimmung wahrhaftig keine Lust haben, ein schönes Theater aufschlagen zu lassen. Jedes kleine Gerüst, und wäre es von der Art, wie sie auf einem Schulactus gebräuchlich sind, mit den nothwendigsten Versetzstücken wird ihm genügen.

Ich arrangirte daher folgendermaßen:

Ich ließ die kleine Comödie auf einem in einen stumpfen Winkel ablaufenden grünbehangenen, wie aus dem Stegreif gezimmerten Gerüst, welches am ersten Flügel links (vom Schauspieler) stand, spielen. Kein Vorhang, nur eine kleine Laube und ein Gebüsch auf diesem Gerüste. Sehr mäßiger Umfang; Stand auf Rollen und ward bei der Verwandlung nach hinten gezogen. Die Spielenden treten aus der Coulisse auf daſſelbe. Prächtige Saaldecorationen recht im Contrast zu diesem ärmlichen kleinen Theater.

König, Königin, Hamlet, Hof u. s. w. also gestellt:

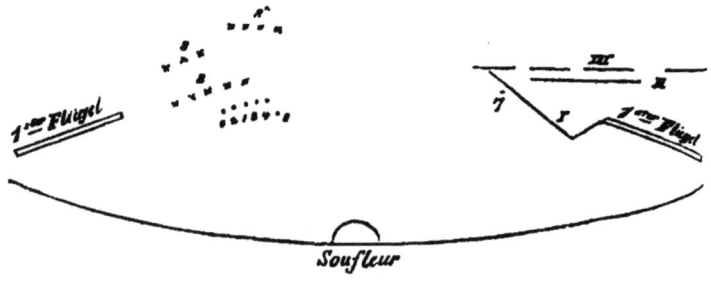

I. Kleine Bühne. II. Laube. III. Gebüsche auf derselben.

1. König
2. Königin] Fauteuil's.

3. Polonius
4. Ophelia] Sessel.

5. Hamlet.
6. Sessel, auf welchen die Königin Hamlet nöthigen will.
7. Horatio, am Theater stehend, der Comödie den Rücken wendend, den König fixirend, mit Hamlet auf discrete Weise sich im Rapport haltend.
8. Pagen, Höflinge, Damen u. s. w.

Die Vortheile dieser Anordnung waren sehr groß. Die Handlung wurde den Zuschauern in die vertraulichste Nähe gerückt, alle Hauptpersonen en face, alle Mienen und Reden äußerst deutlich.

Alle Nüancen, vom verstohlenen Seitenblick des Sünders zur Sünderin bis zu der Confidence des beleidigten Sohnes gegen seinen Schulfreund erleichtert, die Scene daher an Energie von Vers zu Vers wachsend. Todtenstille im Hause, endlich bei dem Jubelrufe Hamlets: Ei, der Gesunde hüpft und lacht u. s. w. Jubel in allen Ecken, als hätte das Publikum selbst einen alten Hamlet zu rächen.

Daneben ein hübsches Bild, und dann der Contrast, wie der König aufsteht, und alles chaotisch durcheinander ruft und rennt, wieder auch für das Auge sehr wirksam.

Auf das kleine Schauspiel kommt offenbar nur insofern etwas an, als es auf die Haupthandlung einwirkt. Es thut daher nichts, wenn man dessen Personen nur en profil sieht.

Auch ist es irrelevant, oder, daß ich mich richtiger ausdrücke, es ist sogar gut, wenn die kleine Komödie sich etwas kleinlich und kindisch ausnimmt, dann stuft sie sich eben gegen die Haupthandlung gehörig ab.

Noch einige Specialia. Wenn Act III. der Vorhang aufging, ließ ich Hamlet im Fauteuil sitzen, den nachher der König einnimmt. Die Schauspieler, denen er die Didaskalie hält, standen seitwärts am kleinen Theatergerüste alignirt, und zwar im Costüm, worin sie hernach in der kleinen Comödie auftreten. Dieß giebt einen eigenen feinen romantischen Reiz; besonders wenn das Costüm etwas phantastisch bunt gehalten ist, und also um so mehr gegen das einfach schwarze Kleid Hamlet's absticht.

Die Schauspielerin, welche die Königin in der kleinen Komödie spielt, ließ ich auch im zweiten Akt schon unter den Schauspielern auftreten und zwar als Knabe kostümirt. Dadurch erinnert man an den bekannten Umstand vom Spielen der Frauen-Rollen durch junge Leute zu Shakespeares Zeit. Man verbindet sich dadurch die antiquarischen Leute im Parterre und sie sind Einem dafür einmal bei Gelegenheit wieder dankbar. Nur muß man den Jungen tüchtig herausputzen, und ihn auch marquirt aufstellen, sonst sehen die Herrn durch ihre Brillen die Feinheit nicht.

Im Obigen empfangen Sie, verehrter Freund, was sich in meinem Diario Wünschenswerthes für Sie über Hamlet finden wollte. Nützen Sie es nun nach eigenem Ermessen und Gutdünken, wie Sie mögen.

Nun ist es Winter geworden und jetzt schmerzt

es mich erst recht, daß meine hübsche Bühne dahin ist. Man kann wohl wehmüthig werden, wenn so etwas untergeht, woran man so treue Pflege Jahre lang gesetzt, um das man eine ganze Hand voll grauer Haare mehr gekriegt hat. Und dann ergreift mich wieder ein Zorn, daß unter den 36 Fürsten Deutschlands sich keiner fand, der ein ganz complett eingerichtetes Theater mit classischem Repertoir und einer schon feststehenden Tradition und Regel mit geringen Kosten sich erkaufen mochte! Und doch stiften sie überall schlechte Hofbühnen für schweres Geld. Man macht eigene Erfahrungen in der Welt.

Nun, der Himmel behüte Sie.

Aufrichtig

ergeben

Düsseldorf,
den 4. November 1837.

Immermann.

5.

Recht sehr freute ich mich, mein verehrter Freund, von Ihnen wenigstens vorläufige Nachricht zu erhalten. So sind denn endlich nach 8 Wochen doch die Rollen ausgeschrieben und sollen ausgetheilt werden; wir dürfen also erwarten, daß wir, wenn uns der Himmel sonst mit Geduld versieht, noch die Aufführung erleben werden. — Ueber den Guiscardo bin ich nun beruhigt, da ich nach Ihrem letzten Briefe annehme, daß Sie die Rolle bekommen. Aber — Aber, was werden uns die andern Herren und Damen daraus machen? In meinen schwarzen Stunden sage ich mir: Es wird eben Keiner Lust dazu haben, weil es dann freilich nicht à la Raupach fort geleyert werden kann und dann weiß ich nach meiner Theaterpraxis, das so ein Stück schon im Voraus verloren ist; die Zuschauer sehen sich an, wenn der Vorhang fiel, und sagen: Was ist da oben denn eigentlich vorgefallen? und die Herren und Damen in den Garderoben sagen, indem sie sich die Schminke abreiben: Nun, haben wirs nicht vorhergesagt? Dergleichen geht nicht, zum Lesen mag es recht hübsch sein. Ja zum Lesen mag es recht hübsch sein — denkt auch der

Friseur in der Stille, und: dergleichen geht nicht,
denkt der Garderobegehülfe in der Stille. Alles
geht mit der allgemeinen Ueberzeugung, dergleichen
gehe nicht, nach Hause, und am folgenden Tage
setzt sich Spuck=Schulze hin und schreibt in die
Spenersche einen Commentar zu den Worten: der=
gleichen geht nicht, aber mit Raupach, da geht's.

Nun, werther Freund, sorgen Sie an Ihrem
Theile dafür, daß die Misere diesmal nicht Recht
behält, und daß dergleichen doch geht. In meinen
guten Stunden sage ich mir wieder: Ganz können
sie's auch mit dem besten Willen nicht ruiniren;
die Situation zwischen den Liebenden, die Scene
zwischen dem Fürsten und Guiscardo, das Pathos
Ghismonda's in den letzten Akten, alles das wird
sich durch sich selbst behaupten. Vor der Hand
wollen wir also noch der Hoffnung Raum geben.
Wären Sie nur Regisseur, daß ich mit Ihnen in
extenso über die Einrichtung und das Arrange=
ment communiciren könnte, worauf so unendlich
viel ankommt. Die gewöhnlichen Herrn Regisseure
haben aber darin eine ganz eigene Genialität, wo
sie ein Fünkchen Poesie wittern, gleich durch irgend
ein Arrangement einen nassen Sack darauf zu wer=
fen, daß der Brand ja nicht um sich greife.

Den kritischen Moment, wo Guiscardo im Bilde lebendig wird, habe ich mir so gedacht, daß G. nicht etwa erst sich erhebt, und förmlich vor der Prinzessin niederkniet, sondern daß er in seiner Attitüde zusammenbricht, in die Kniee zusammensinkt und während des Zusammensinkens die Worte hinhaucht. Die zerstreuten Hofzuschauer müssen glauben können, daß es ihm unmöglich gewesen sei, seine Attitüde festzuhalten, wie das wohl hin und wieder bei lebenden Bildern passirt ist. Um den Schein wahrscheinlich zu machen, muß G. in dem Tableau eine schwierige, nicht leicht zu haltende Stellung (oder Lage) haben, etwa schräg an einem Felsen, so daß es aussieht, als gleite er herab. — Das Folgende, die Bestürzung der Prinzessin, das Fallen des Vorhangs, Aufstehen Tancreds und der Gesellschaft, Durcheinanderreden muß unmittelbar augenblicklich, rasch turbulent einsetzen, und in diesem Trouble muß Ghismonda ohne Zögern eintreten und (wohl zu merken — agitirt, stockend, verlegen; sie darf sich durch Aretin's Rede nicht irre führen lassen —) hineinreden.

Diese Dinge gehen Sie und Ihre Rolle unmittelbar, oder doch den Moment, den die Rolle hervorbringt, an, da dürfen Sie also wohl strictissime darauf halten, daß die Sachen ordentlich gemacht werden, wie sie der Dichter gemeint hat.

Wenn Sie doch dem Fräul. von Hagn in einem Säftchen beibringen könnten, daß sie doch ja die Ghismonda nicht so brav und coquet, sondern so recht fein und leise aus dem Innern heraus, mit einem rührenden zarten Schmelz über die Darstellung, auch schon bei dem Geplauder des 1sten Akts spielen möchte. Mit dem Parquet braucht sie wirklich in dieser Rolle gar nicht zu minaudiren. Freilich zweifle ich an der Möglichkeit der Beibringung jenes Säftchens, da die Dame durch ihre Triumphe wohl über alle Arzeneien hinaus ist.

Daß Sie fleißig gewesen sind, freut mich; ich wünsche der Darstellung alles Heil; die Zusendung des Stücks wird mir höchst lieb und werth sein, und ich werde nach meiner Art Ihnen ganz ausführlich meine Meinung darüber schreiben. In der Gunst des Augenblicks sind Sie auf einen sehr guten Weg gekommen; die Verirrungen werden mir, wie ich gewiß hoffe und erwarte, das Fortschreiten bestätigen. — Nachdenken und Erfahrung haben mich belehrt, daß das Familienstück die eigentliche deutsche Form ist, nicht das, wo die Familie als ein Conglomerat von Hunger und

Kummer, Seufzen und Heulen genommen wird, sondern das, welches die Familie in ihren Beziehungen, in ihrer feinsten und innigsten Bedeutung aufzufassen weiß. Gerade jetzt, wo das alten Gefühl der Familie Abschied zu nehmen beginnt, ist es vielleicht die Zeit, welche das ächte deutsche Familienstück gebähren wird, nach dem bekannten Satze, daß der Poesie anheimfällt, was im Leben untergeht. In dieser Hinsicht sind die freilich schwächlichen Versuche der Sächsischen Prinzessin, und ist der Beifall, den sie finden, beachtungswerth, und ein Kundiger merkt auf solche Zeichen.

Was das Heroische und Mythische anbetrifft, so habe ich über die Form, in der es auf deutschen Brettern Wurzel fassen könnte, meine eignen Gedanken, die aber freilich für einen Brief zu weitläuftig sind.

Wenn ich gesagt habe, das recitirende (nicht rhetorische, denn das ist schon ein Auswuchs) Element sei heut zu Tage besonders zu cultiviren, so meine ich damit nicht, es könne, einseitig ausgebildet, erfreuliche Resultate geben, vielmehr finde ich mit Ihnen die Güte der Darstellung auch nur in der vollkommenen Einigung und Durchdringung des Recitirenden mit dem Mimischen. Allein, weil

Letzteres mit dem Sinken der Kunst sich auf Kosten des Ersteren erhoben hat (begünstigt durch geniale Manieristen, wie Ludwig Devrient, begünstigt durch die schlechten Stücke, worin das Wort das Geringste ist), weil die Kunst der Rede (sehr verschieden von declamatorischer Schönrednerei, die ich verabscheue) fast verloren ging, so muß von Jedem, der jetzt die Sache wieder am rechten Ende anfassen will, der Accent vorläufig auf die Ausbildung der Rede gelegt werden. Haben wir hierin erst einmal wieder, so zu sagen, die Grammatik erobert, dann werden sich auch wieder die Talente finden, die, wie die Tradition von Schröder lautet, alle Bestandtheile der Kunst zu einem großen, bewundernswerthen Ganzen zusammenzufügen wissen.

Ihre Klagen sind sehr gerecht; wer klagte nicht mit, dem es um die Sache Ernst ist? Kunstschulen! — — Ja freilich sind Schulen nöthig für die schwerste aller Künste, aber durch **Monsieur tel et tel, Madame telle et telle** werden sie nicht gestiftet, wenn sie junge Leute noch mit ihren Angewöhnungen und Manieren anstecken. So läuft denn Alles auf eine wahre Empirie hinaus, zusammengestoppelt in schläfrigen, nachlässigen Proben, am Abend dreist hinter den Lampen hazardirt. Respect vor dem Gedichte! — — Dann gebe man aber auch Sachen, vor denen sich Respect haben läßt. Ich gestehe Ihnen, wäre ich Schauspieler, ich würde auch längst allen Respect vor Theodor Hell und Raupach eingebüßt haben.

Der eigentliche Sitz des Uebels, mein werther Freund, sind die Leitungen. Die Schauspieler sind wohl noch herumzukriegen, wenn Jemand von Fach ihnen Etwas sagt, und dieser ihnen mit dem Beispiele der Anstrengung und Selbstverleugnung vorangeht; das Publicum hungert eigentlich nach einem guten Theater, aber die respectiven Directionen und Intendanzen sind nirgends (versteht sich, mit Ausnahme der Berliner) einen Schuß Pulver werth.

Düsseldorf ist eine so ungebildete, in Wein und Oberflächlichkeit versunkene Rheinstadt, wie Eine, ich hatte bei meiner Gesellschaft so launenhafte und eigensinnige Subjekte, wie sie überall sich finden; sie mußten in der letzten Zeit ungeheuer arbeiten, und am 16. März Julius Cäsar, am 22. Iphigenia, am 31. Griseldis neu herausfördern, neben dem inzwischen auch neu einstudirten Kean und zwei Wiener Possen, die Proben dauerten nicht selten bis Mitternacht, nie hatte ich Einem ein gutes

Wort gegeben, ich hatte überwiegend oft contre vent et marais der beliebten Lumpenrepertoirs gesteuert, König Johann, Blaubart, Richter von Zalamea, Schroffensteiner, Prinz von Homburg, Tochter der Luft (Original), Wunderthätiger Magus, Alexis, Hofer, geben lassen: und als ich schloß, da sagten die Schauspieler, mit Ausnahme von zweien oder dreien, sie wollten gern trocken Brod essen, wenn sie nur hier bleiben könnten, und die Düsseldorfer wollten wieder 6000 Thlr. für das Theater zusammenbringen, nachdem sie in $2\frac{1}{2}$ Jahren 16000 Thlr. zugeschossen hatten.

Wenn sich unter den allerungünstigsten Umständen ein solches Feuer anfachen läßt, warum sollte es denn an anderen Orten, wo die Verhältnisse viel besser sind, nicht gehen?

Dieser Brief ist überlang geworden; der Gegenstand hat mich hingerissen. Ich fühle zu tief, was Deutschland entbehrt, seit sich seine Bühne auf eine so geringe Weise hinhält, und sehe eine gewisse Ernüchterung und Vermagerung unseres socialen Zustandes in naher Verbindung mit diesem Unglücke. Keine Kunstvereine und Kunstausstellungen, keine Musikfeste, nicht Eisenbahnen und sonstige Gemeinnützigkeiten vermögen das tiefsinnige

Gedankenschauspiel einer großen poetischen Bühne und ihre wohlthätig-abstringirenden Wirkungen auf die menschliche Schlaffheit zu ersetzen. Wie nahe liegt nun das Bessere, wie leicht wäre es zu ergreifen, wenn man sich zu einem edlen Entschlusse zu erheben vermöchte. Aber man denkt und fühlt leider gemein und deshalb ist man mit sehenden Augen blind.

Leben Sie wohl, verehrter Freund. Wenn Sie mir wieder schreiben, so würde ich gern die Fabel der Geschwister in extenso vernehmen.

Der Ihrige

Düsseldorf den 16. Novbr. 37.

Immermann.

In Franks Taschenbuch dramatischer Originalien steht eine Arbeit von mir über Grabbe. Haben Sie sie gelesen? — Ich bereite jetzt die Abfassung meiner dramaturgischen Erinnerungen vor, die ich überall mit der Geschichte des Theaters überhaupt in Verbindung setze. Ich möchte gern sämmtliche Ifflandsche Theateralmanache und Gothaer Theaterkalender nachlesen, kann sie aber hier nicht auftreiben. Können Sie sie dort bekommen und möchten Sie so freundlich sein, sie mir zu senden? Für pünktliche und rasche Rücksendung bürge ich. Auch Löwen, Geschichte des Deutschen Theaters und Plümicke's Geschichte des Berliner Theaters möchte ich gar gerne haben. Mit Freuden bin ich Ihnen wieder gefällig wo ich kann.

An Häring meinen Gruß. Er soll doch schreiben, wenn auch nicht mit der Verve jenes Abends. Sehr würde ich mich freuen, wenn der Brief sich wiederfände.

6.

Längst hätte ich Ihnen auf Ihren inhaltreichen Brief antworten sollen, verehrter Freund; der Dämon, der so manchen Baum am Wachsthum hindert und überhaupt sich zwischen so Vieles in der Welt schiebt, hat auch diese meine Zeilen verzögert. Nun begrüße ich Sie im neuen Jahre, welches uns beiden ein leidliches werden möge! mehr darf der Mensch vom Schicksal nicht wünschen und erbitten. Was zuvörderst Ihre Bemerkungen über die Pantomime im Hamlet betrifft, so sind hier noch einige Gründe dafür:

1) Es ist ganz in Hamlet's grausam-grübelnder Sinnesart gegründet, den Oheim bei langsamem Feuer zu schmoren, und ihm daher die Qual in

zwei Dosen einzugeben. Da er über Alles bis zum
Uebermaaß reflectirt, so kann und wird er so re=
flectiren. Bei einer Vorstellung der Sache kann
der in der Heuchelei bis zur Virtuosität geübte
Bösewicht sich vielleicht noch zusammennehmen,
zwei hält er aber schwerlich aus.

2) Nur er will Gewißheit haben, ob der Oheim
seinen Vater ermordete. Diese Gewißheit erlangt
er aber schon, wenn das Gewissen sich bei der
Pantomime regt, der König da schon die Darstel=
lung stört. Er setzt also durch dieselbe keinen Er=
folg auf das Spiel, sondern er beschleunigt den=
selben nur möglicherweise.

So viel, um die Sache aus dem Charakter der
Hauptperson zu rechtfertigen.

3) Daß vornehme Personen, besonders von dem
Schlage der beiden Dänischen Majestäten, ganze
Akte verplaudern können — das, mein verehrter
Freund, haben Sie gewiß selbst zu Ihrem Ver=
drusse oft genug wahrgenommen. Gerade die
Wahrheit der Scene, ich möchte sagen, das Aban=
don derselben gewinnt unendlich durch diese ganz
natürliche Unachtsamkeit von König und Königin,
durch das stumme, verdrießliche, agitirte Spiel
Hamlets mit Horazio — da er die Spitze seiner

Absicht zur Hälfte abbrechen sieht, durch Polonius Talleyrandartiges Vorsichhinsehen, so wie er die Vergiftung sieht (da man annehmen kann, daß in ihm wenigstens ein Argwohn über die unnatürliche Todesart des alten Königs aufgestiegen ist) und durch Opheliens ganz unbefangenes Anschauen der Pantomime. Lauter Contraste, die richtig gegriffen und lebendig ausgeprägt, der Dichtung gerade bei dieser Scene bis in das tiefste Herz blicken lassen.

4) Nicht der präcipitirte, sondern der langsam vorbereitete Effect ist der poetisch wirksame. Man muß ein Motiv langsam heranschreiten sehen, um seine ganze drastische Wirkung zu empfinden. Es ist daher kein Grund zur Besorgniß vorhanden, daß die Zuschauer sich durch die Pantomime erkälten lassen werden, wenn die Scene nur den angedeuteten Intentionen gemäß, bis in das Kleinste beseelt wird.

Hier hat der Erfolg für meine Ansicht entschieden. Freilich machte es aber auch ein Jeder genau so, wie ich es angegeben hatte. Es muß sich nun ein Jeder nach seinem Terrain richten, und da ich glaubte, daß die dortigen großen und selbständigen Künstler kein so nachgiebiges, für derartige poetisch-psychologische Ensemblescenen darbieten, so halte ich es selbst für bedenklich, daß Sie das Schicksal einer Haupscene durch die Pantomime exponiren, die ihr in jedem Falle nur eine schärfere und geistreichere Betonung verleiht, nicht aber von eigentlicher Nothwendigkeit ist.

Wenn das von mir angegebene Arrangement der Schauspielscene dort adoptirt wird, so haben Sie doch die Güte, es mich wissen zu lassen. — Interessirt es Sie überhaupt, von manchen hiesigen Arrangements in bedeutenden und großen Werken Kunde zu erhalten, so bin ich jederzeit mit Vergnügen erbötig, Auskunft zu ertheilen.

Ueber das Verhältniß des recitirenden Moments bei der Darstellung wären wir jetzt wohl einig. Es ist nie meine Meinung gewesen, aus den Schauspielern Rhetoren und Declamatoren zu machen, aber da die Recitation heutzutage verhältnißmäßig noch tiefer im Argen liegt als die Action, so muß bei der Methode, bei der Propädeutik mehr auf jene als auf diese gewirkt werden.

Das Scenar der Geschwister (wofür ich Ihnen sehr dankbar bin) gewährt den Einblick in ein Stück, welches mit so manchem Erzeugniß der Gegenwart in einer Art von Zusammenhang zu stehen scheint. Nämlich etwas schon längst Dagewesenes, aber mit modernen Flittern behangen. — So kann man Vieles, was jetzt entsteht, bezeichnen. Nach Ihrer Mittheilung zu schließen, ist es gewiß ein vortreffliches Theaterstück, aber die Region der Familie, die ich durch Dramen erleuchtet zu sehen wünschte, trifft es doch nicht.

Machen sich denn wirklich die Katastrophen in der Familie immer und immer nur durch Geld und dessen Mangel? Gewiß nicht. Ich will, wenn mir das Theater jetzt Muth macht, noch fortzuarbeiten, ein Familienstück schreiben, worin der Name Geld nicht vorkommen soll.

Für die Nachricht über die Besetzung der Opfer des Schweigens danke ich Ihnen nicht minder. Traurig ist es, daß die Wolf die Oberhofmeisterin nicht spielt, für die sie recht eigentlich geschaffen war. Welcher unfreundliche Eigensinn, eine Rolle abzulehnen, deshalb, weil sie aus einer Tragödie ist, obgleich sie weniger Anstrengung erfordert als gewiß manche, die sie im Lustspiele spielt! Auch daß die beiden Hofdamen in, wie es scheint, ziemlich untergeordneten Händen sind, ist mir gar nicht recht. — Ihre Bemerkung über die Schwierigkeit der Reden des Guiscardo finde ich ganz richtig;

ich glaube aber, daß ich darin, wie ich seine Rede gebildet, keinen Fehler begangen habe. Guiscardo ist überdrängt, überwältigt von dem einzigen Eindrucke, den die Prinzessin auf ihn gemacht; die ganze Dichtung beruht auf der einzigen Gewalt dieses Eindrucks; in solchen Stimmungen gehorcht aber das Wort nicht, ein Bild überfluthet das andere, die Empfindung zersprengt, wie Sie treffend sagen, die Form. Der Darsteller muß hier nicht schöner oder vielmehr nicht eleganter sein wollen als das Gedicht, zuweilen kann ein abrupter Vortrag, ein Ausgehn der Stimme richtig angebracht sein.

In Weimar bereitet man jetzt die Darstellung vor. Es wäre mir aber sehr lieb, wenn eine große Bühne, wie die Berliner, voranginge. Lieb, nicht bloß aus ideellen, sondern auch aus manchen gewichtigen materiellen Gründen. Ende Novembers waren die Rollen vertheilt. Wie ist es, wird es nun nicht bald gegeben? Haben Sie die Güte, verehrter Freund, einmal wieder anzustoßen. Die Sache schläft sonst sacht wieder ein, ich kenne das schon.

Ich habe die unbegreifliche Bettse begangen, Ihnen jüngsthin einen dicken Brief unfrankirt zu senden. Nehmen Sie es nicht übel, mein Geist hatte Ihnen die Ausgabe nicht zugedacht, der Feder ist das fr. in der Spalte stecken geblieben.

Aufrichtig
ergeben

Düsseldorf den 11. Januar 1838.
Immermann.

7.

Verehrter Freund!

Ich wollte anfangs meine Antwort auf Ihren Brief vom 14. d. M. bis zum Eingange weiterer Nachrichten über die 2te und 3te Aufführung meines Stückes verschieben, die erst definitiv für mich die Sache abschlössen, da ich aber gestern in der Staatszeitung bis zum Mittwoch den 24ten noch keine zweite Wiederholung angezeigt gesehen habe, so will ich nicht länger zögern. — Nehmen Sie zuvörderst meinen besten und herzlichsten Dank für Ihre Mühwaltung und Sorgfalt, die Sie im Interesse des Werks aufgewendet haben. Als Sachkenner weiß ich Ihre Freundschaftsdienste gewiß ganz zu würdigen. Die Modificationen, die Sie getroffen haben, billige ich durchaus; dergleichen, wovon Sie schreiben, läßt sich freilich erst an Ort und Stelle recht einsehen. Ich wünsche, daß Sie für die Wiederholung so viele Striche gemacht haben, als Ihnen nur nöthig erschienen. Ich war in solchen Dingen auch nie difficil, da man sich für die Aufführung nach den vorhandenen Kräften richten muß. Was die Sache selbst betrifft, so ist zwar in einem so verwickelten Seelengemälde, worin sich eine mit sich selbst im Unklaren befindende Prinzessin aus allen Schlingen der Convenienz in die reichste tragischste Gemüthswelt hineinrollen soll, im 4. und 5. Akt nicht ein Wort zu viel, allein freilich erfordert auch diese Seelenveranschaulichung einen Reichthum innerer geistiger Mittel und Nüancen, wie sie denn doch wohl schwerlich dort ganz vorhanden gewesen sind. Ghismonda kommt in ihrem Schmerz zum ersten Male in den Besitz ihrer Seele, sie soll, wie eine schöne Musik, nicht müde werden, in diesen süßklagenden Tönen zu schwelgen; wo nun aber Saiten fehlen zu so reichen Melodien und statt deren Monotonie entsteht? — Und die erste Sorge muß jetzt sein, das Stück auf dem Repertoir zu erhalten. So wünsche ich auch, daß Sie den schwachen Aretin zusammenstreichen, wie nur möglich. Mißfällt die Schlußscene des 3. Akts, so veranlassen Sie gefälligst die Aenderung nach beifolgender Variante der ersten Redaction. Daß Aretin, wenn die Sachen nicht ganz im ebenen Geleise gehen, das Volk aufwiegeln will, hat er Akt II schon angedeutet; der Aufruhr Akt V kommt also auch ohne die jetzige Schlußscene nicht unmotivirt, wenigstens für ein Theaterpublikum von jetzt.

Also Dank für alles Gethane und Vollmacht zu allem noch zu Thuenden. So weit reichen meine reinen Empfindungen. Der übrige Inhalt Ihres Briefes hat freilich sehr gemischte bei mir hervorgebracht. — Den 11ten sollte das Stück gegeben werden, und den 6ten die erste Probe sein; es ist zu arg! Weiß man denn gar nicht mehr, was zur Einübung eines Werks, welches sich denn doch ganz diametral von der gangbaren Waare unterscheidet, gehört? Drei Proben, ohne Special-Vorproben der einzelnen Theile! Ist das Achtung für Gedicht und Dichter? Und nun gar ein Regiewechsel während der Proben und eine Haupt-Rolle (Aretin) schlecht besetzt! In der That, ich bin erstaunt.

Und nun die Nachrichten über die Aufnahme! Wenn sonst drei Darsteller in einem Stücke hervorgerufen wurden, so war dies ein Erfolg; ist das nun jetzt kein Erfolg mehr? Ich bin ganz irre, verstehe die Menschen und die Dinge in dieser Beziehung nicht mehr. Die Zeitungen haben dann auch schon das Ihrige gethan, zu verderben, was möglich war. Die Vossische lobt mich auf Kosten der Schauspieler; die Hamburger die Schauspieler auf meine Kosten. Beides ist gleich unredlich. Das Richtige war, dem Institute dafür zu danken, daß es an eine Aufgabe neuer Art seine Kräfte gesetzt hatte, und es aufzumuntern, sich durch mißstimmige Bestandtheile des Publikums nicht irre machen zu lassen. Denn nur dadurch, daß die Bühne wieder, wie in früherer Zeit, poetische Werke, die vor der Hand nur ein gewähltes Publikum für sich haben, mit Consequenz festhält, kann ihr nach und nach wieder aufgeholfen werden.

Ich bitte Sie, verehrter Freund, mir über diesen Punkt klaren Wein einzuschenken. Wird die Berliner Bühne jene Consequenz üben und das Stück auf dem Repertoir halten, d. h. es nach den ersten drei Aufführungen etwa noch 1 — 2 mal in diesem Winter geben, oder wird es zurückgelegt werden? Ich bin in großer Unruhe hierüber seit acht Tagen. Jedenfalls wird mir besser werden, wenn ich Gewißheit erhalte, sei sie auch, welche sie wolle. Legt man das Stück zurück, so ist damit meine dramatische Laufbahn geschlossen, ich habe mir für diesen Fall selbst das Gelübde gethan, nie wieder in dieser Sphäre zu arbeiten, da ich dann endlich einsehen muß, daß meine Art und Weise und die jetzige Gestalt der deutschen Bühne nicht zusammenpassen.

Ich kann Ihnen heute über nichts Anderes schreiben, ich bin zu zerstreut und verstimmt. Wenn die Angelegenheit mit den Opfern des Schweigens erst feste Gestalt für mich gewonnen hat, dann wird sich auch schon wieder Lust und Muth zu andern Mittheilungen finden.

Aufrichtig
der Ihrige

Düsseldorf den 27. Januar 1838.
Immermann.

8.

Recht herzlich danke ich Ihnen, mein verehrter Freund, für die guten Nachrichten, die Sie mir gegeben haben, und zu denen Sie sich in Ihrer freundlichen Gesinnung für mich unter dem Drucke häuslicher Leiden Zeit und Mühe nehmen mochten.

Schlimm, daß der, wie es scheint, im Steigen begriffene Erfolg nun wieder nicht benutzt werden kann, und so die Aussicht, daß er sich consolidire und etwas Traditionelles werde (worauf unendlich viel in allen Bühnensachen ankommt) wieder hinausgerückt wird. Welch eine Verwaltung aber, unter der die erste Liebhaberin zweimal im Jahre auf Reisen gehen kann! — Im Ganzen giebt mir der wachsende Antheil des Publikums, den alles Geschreibe der Journalisten und Correspondenzler nicht hat hemmen können, einen erfreulichen Rechtfertigungsgrund für meinen alten Glauben an ein ursprüngliches Gefühl in dem Menschen, welches sich selbst unter ungünstigen Umständen, die dort allerdings waltest, Bahn bricht.

Welche Niederträchtigkeit haben jene Menschen dießmal an mir geübt! Wie haben sie ordentlich darauf studirt, jedem zunehmenden Verständnisse und Befreunden giftig in den Weg zu treten. Und das Abscheulichste war bei allem dem, daß ein Theil dieser infamen Canaillen noch gar eine Art Larve von Pietät vor das Gesicht nahm, und so that, als schmerze es sie um meinen Ruf und ihre schönen Erwartungen, daß ich ein so gar schlechtes und gehaltloses Stück geschrieben habe. — Sie sehen, mein Freund, aus dieser stürmischen Expectoration, daß ich noch immer meines Unmuthes nicht habe Meister werden können. Wirklich hat mich lange nichts so verdrossen, als diese Depravation des öffentlichen Urtheils, welche ich bei der Gelegenheit kennen gelernt habe. Man ist auf dem Theatergebiete jetzt in der Beziehung zu sehr in den Händen der Schlechten. Ich gehöre nicht zu den Autoren, welche bei ihrer Arbeit beständig mit dem Auditorio Blick und Miene wechseln, in gewissem Sinne kann ich von mir sagen, daß mir nur die Muse besiehlt und die kokette Berechnung des Erfolgs ist mir gewiß ganz fremd; allein mich umsteht doch, bei der Arbeit, wie eine zarte Schattengestalt das Bild einer schönen Menschheit, welches mich kräftiget und ausdauern macht, und dieses zarte geistige Bild ist mir durch die anfängliche Unempfänglichkeit des Publikums und die Polissonnerie der Journale vielleicht auf lange hin zerschlagen worden.

Sie sehen, das ist Verstimmung, und ob sie einer Stimmung dermaleinst wieder Raum geben werde, muß dahin gestellt bleiben. Für jetzt habe ich die Pläne, an denen ich nach den Opfern des Schweigens zu arbeiten, mir in Fröhlichkeit vorgesetzt hatte, weit hinweggestellt und mich zu andern Dingen gewendet.

Ihre Verkürzungen sind gewiß sehr zweckmäßig gewesen. Nach Weimar, wo sie das Stück geben werden, habe ich dem ersten, dem Berliner gleichen Exemplare ein zweites nachgesendet, über dessen verkürzte Gestalt Sie erstaunen würden. Ich habe darin alle Ornamente weggestrichen und das Ganze auf die äußere, greifliche Handlung gebracht. Auch heißt in diesem Buche das Stück Ghismonda, damit die Leute gleich wissen, daß auf ihrer Figur das Hauptinteresse der Fabel beruhe, und diese nicht vorbei sei, wenn Guiscardo erstochen ist.

Genug davon. — Was mir ausnehmend lieb gewesen ist zu vernehmen, war die Nachricht, daß es mit Ihren „Verirrungen" so gut gegangen ist. Ich habe nach Ihrer „Gunst des Augenblicks" die besten Hoffnungen für die Fortbildung des feineren Conversationsstücks von Ihnen geschöpft, und freue mich, daß dieselben sich durch den neuen Erfolg bestätigen. In dem ruhigen, ich möchte sagen unschuldigen Auffassen einfacher deutscher Motive, wie es mir in jenem Stücke entgegentrat, lag für mich etwas sehr Anmuthendes. Das deutsche Leben ist für das moderne Drama gar nicht so arm an Stoff, wie man es hat machen wollen, eben die Isolirung des Deutschen schafft noch mehr eigenartige Charaktere und Situationen an, als dies vielleicht bei andern Nationen der Fall ist, nur hält sich Alles bei uns mehr in einer mit Ernst gemischten Mitte, und die Innerlichkeit bleibt ein entscheidendes Kennzeichen deutscher Naturen, deshalb werden die Productionen dieser modernen Sphäre immer mehr bei uns auf Seelengemälde hinauslaufen und das Intriguenstück oder das starkgezeichnete Lustspiel wird uns stets ferner stehen.

Lassen Sie mich ja das neue Stück haben, sobald es gedruckt sein wird. Ich freue mich darauf, es zu lesen, und darüber mit Ihnen zu verhandeln.

Möchten die Dinge, welche Sie bedrückten, als Sie schrieben, ein leidlicheres Antlitz zeigen, wenn Sie diesen Brief empfangen!

Aufrichtig

Düsseldorf
den 6. März 1838.

der Ihrige

Immermann.

9.

Ich hoffe von dem Scheine der Undankbarkeit, der auf mir in Ihren Gedanken lasten muß, schon jetzt bei Ihnen befreit zu sein, da Sie vermuthlich doch wohl schon vom Souffleur Wolf wissen, daß ich die „Verirrungen", welche Sie mir gütigst im März zusendeten, erst vor einigen Tagen erhalten habe. Ich habe das Stück, für dessen Uebersendung ich Ihnen jetzt meinen unverschuldet verspäteten Dank abstatte, mehre Male gelesen, und bedaure vor allen Dingen nichts mehr, als daß ich es nicht mehr auf meiner Bühne mir vorspielen lassen kann, da es sich scenisch gewiß vortrefflich macht. — Ich habe sehr viel daran zu loben und Einiges zu tadeln. Zu loben finde ich erstlich, daß Sie diese Idee gerade aufgefaßt haben, da sie eine fruchtbare und tief in die Zeit sich verwurzelnde ist, bei deren ganzen Entbindung (nämlich bei der Entbindung der Zeit) es vielleicht, wenn eine gute Geburt unsern Nachkommen zu Statten kommen soll, eben so viel darauf ankommt, daß ein richtiges Verhältniß der Geschlechter hergestellt oder gefunden, als daß die passendste Staatsverfassung entdeckt wird. Mariane ist gründlich behandelt und auf wohlverdiente Weise zur Peripetie und Catastrophe des Charakters geführt worden; besonderes Lob verdient in der Charakteristik ihre outrirte Ländlichkeit, und dann daß sie nicht kochen kann, und ihre Stickereien keinen Abgang finden.

Dieses sind Züge, die neu sind und Ihnen allein angehören. Born ist brav gehalten und der alte Engelhaus ein kleines Cabinetstück. Ja so sind sie, die edlen Preußischen Aspiranten des rothen Vogels! Relling ist auch gut, in der endlichen Durchgeherei etwas forcirt; mich dünkt, hier war noch ein feinerer diplomatischer Ausweg zu finden, freilich schwer, da der 5. Akt rasche Abwickelung verlangt. Lieutenant Lorbeck ist mit zwei Worten hingestellt, wie er leibt und lebt. Dagegen finde ich im alten Haber zu viel bekannte Poltertöne.

Im Ganzen haben Sie die enge bürgerliche Sphäre, worin sich das Stück bewegt, mit Gelenkigkeit behandelt, den Verfall der Familie nicht mit drückender Detailmalerei ausgepinselt, und dafür muß man Ihnen wieder sehr danken. Soll ich mein Gesammtlob zusammengefaßt aussprechen, so muß ich sagen, daß es ein echtes Deutsches Zeitgemälde ist. Die Form ist gebildet und ziemend.

Mein Tadel bezieht sich theils auf Seiten des Ganzen, theils auf Einzelnes. — In ersterer Hinsicht habe ich eine Aversion gegen diese gemachte, mit geborgtem Champagner sich behelfende und Psalmen von Marcello nach Tische verlangende Berlinerie. Sie ist eine entschieden unangenehme

Pflanze, um so unangenehmer, je wahrer sie dargestellt wird, wie in Ihrem Stücke geschieht. Mariane in noblerer (immerhin bürgerlicher) Sphäre, und in naturwahrerer erwachsen, hätte selbst noch einen nobleren Wurf bekommen. Es bleibt der gelinde Zweifel am Ende des Stücks mir noch, ob la femme libre, aus diesem Boden der Schwächlichkeit und Selbabschwächung entsprossen, gründlich geheilt werden könne, und ob die Bekehrung mehr als ein Anstoß — a fit — sein wird. — Dann thut doch das Geld noch zu viel Dinge in Ihrem Werke — ich wünschte einmal die bürgerlichen Verwickelungen ohne Geld dargestellt — wie es möglich ist — und wünschte es von Ihnen. Daß die jetzigen Familienverhältnisse weit weniger auf dem Gelde rouliren, als der Schein es zu lehren sich das Ansehen giebt, folgt schon aus dem einfachen Satze, daß Geld bei der ins Enorme gesteigerten Industrie weit leichter sich jetzt verdienen läßt als früherhin, mithin also auch in seiner Wichtigkeit für die Verhältnisse eine Entwerthung erlitten hat. Die weitere Ausführung dieser Gedanken, die mir lieb sind, würde freilich den Raum eines Briefes überschreiten.

Diese Tadel sind eigentlich keine, denn es müßte erst ein Stück, wie ich es vor Augen habe, geschrieben sein, um Ihnen Etwas vorwerfen zu dürfen. Es sind also mehr pia desideria.

Nun im Einzelnen.

Mariane muß in der Expositionsscene sich au fond tüchtig und brav zeigen; das haben Sie sehr richtig gefühlt. Dazu ist mir nun die Rede: Immer, immer würde ich so empfinden u. s. w. etwas zu gewöhnlich. Ich wünschte hier etwas originellere und feinere Aeußerungen.

Die Täuschung über die Gefühle des jungen Haber Akt II ist, wie ich glaube, etwas zu sprungweise herbeigeführt; einige vermittelnde Striche würden hier die Natürlichkeit desselben erhöhen. Akt 4 pour prendre congé de l'amour — pour prendre congé de la vie ist mir ein wenig zu comödienmäßig, obgleich ich wohl weiß, daß dergleichen stets wirkt.

Christoph und Lenchen müssen allerdings Akt 4 kommen. Allein die Sentimentalität dieser Scene ist etwas zu aufgetragen, und die Martinsgänse (begleitet von Thränen) hätte ich auf die Gefahr Ihres Zornes ohne Gnade gestrichen, wenn ich das Stück hier hätte geben lassen.

Mich dünkt, durch die Hingebung Marianens an Nelling in einem leidenschaftlich aufopfernden Momente war das Maaß ihrer Correction erfüllt. Daß sie darin beharrt, daß sie nicht schon vor Borns Eintritt sich sittlich aufrafft und den Entschluß ankündigt, von dem schlechten Bündnisse zurückzutreten, dadurch sinkt mir der Charakter zu tief. Der Verkauf muß ihr freilich bekannt werden (noch weiß ich zwar selbst nicht, durch welchen geschickt intervenirenden Zufall?) allein ich glaube, daß dieses Motiv poetischer wäre, wenn sie eben ihn, als den äußersten eventuellen Fall, wohin es mit ihr auch noch hätte kommen können auf ihrem Wege, anschaute. Ich meine nämlich Folgendes. Sie darf dann sagen, dieser Schimpf trifft mich nicht, denn in dem Augenblicke, wo N. mich erkaufte, hatte ich in meinem Entschlusse schon aufgehört, seine Waare zu sein, ich sehe aber, was meiner Freiheitsliebe auch noch werden konnte.

Ich weiß wohl, daß dergleichen Wendungen der heutigen Bühne nicht munden, da sie die etwas holzschnittmäßigen Wendungen liebt. Indessen feiner bleibt feiner.

Dann sehe ich auch recht wohl ein, daß dann nichts als Körbe von Seiten Marianens vorkommen, was für die Mannigfaltigkeit der Handlung schlimm wäre, dennoch aber will sich meine Meinung hierdurch nicht umstimmen lassen.

Ich habe diese Bemerkungen flüchtig hingeschrieben, wie sie in mir entstanden, was Sie schon der eiligen Handschrift ansehen. Sie sind also wenigstens Ergebniß unmittelbarer Eindrücke. Halten Sie mein Lob für aufrichtig und nehmen Sie mir den Tadel nicht übel, und lassen Sie bald wieder etwas von Sich hören.

Aufrichtig

ergeben

Düsseldorf den 14. August 1838.

Immermann.

10.

Sie haben mich schon so weit kennen gelernt, mein verehrter Freund, daß Sie wissen, ich gebe Verhältnisse, die mir Geist und Herz innig berühren, nicht leichtsinnig Preis. Deshalb wird Ihnen mein überlanges Schweigen zwar unangenehm gewesen sein, es wird Sie aber nicht irre an mir gemacht haben. Meine Versäumniß hatte zwei Ursachen: meine neue Häuslichkeit und dann eine äußerst schwierige Arbeit, die mir Gedanken und Sinn im strengsten Bann gefesselt hielt den ganzen Winter hindurch. Die letztere Ursache bezeichne ich Ihnen nachher noch genauer; was die erste betrifft, so habe ich die Erfahrung gemacht, daß die Ehe in ihren ersten Zeiten zu sehr den ganzen Menschen durchdringt, als daß er gleich den Blick wie sonst über sein Haus hinaus zu richten vermöchte. Was hätten Ihnen einige flüchtige Zeilen genützt, zu denen ich nur Muße und Stimmung gehabt hätte? Haben Sie herzlichen Dank für Ihren freundlichen Glückwunsch! Es ist ein wahres und großes Glück, daß sich noch so spät dieser Segen in meinem Leben einstellte, noch gerade an der letzten Grenze und zur rechten Zeit. Möchte ich Ihnen doch nur etwas Anderes dagegen bieten dürfen, als mein inniges Beileid zu Ihrem Verluste! Glauben Sie mir wenigstens, daß ich jetzt doppelt im Stande bin, so Etwas zu fühlen.

Ihr Buch über Paris, was Sie so gütig waren mir zu schicken, habe ich mit regem Interesse gelesen. Es hat aufs Neue in mir den Wunsch entzündet, diese Weltstadt, die ich nur als unreifer Jüngling sah, jetzt zu besuchen, aber mir auch den Eindruck nachgelassen, daß mir gleich Ihnen der

Aufenthalt dort ein Geschäft und ein Studium, nicht aber ein eigentlicher Genuß sein würde. Was Sie über die Rachel sagen, giebt mir nun endlich ein Bild von dieser merkwürdigen Persönlichkeit, von der mir früher widersprechende Berichte keinen rechten Begriff zukommen ließen. Vielleicht ist eine so herbe, scharfe, unsanfte künstlerische Individualität gerade der rechte Ausdruck der jetzigen französischen Geister, und ihm am meisten eignend. Sehr merkwürdig ist mir auch gewesen, was Sie von der Art, wie die Franzosen neue Stücke einstudiren, erzählen. Mag ein solches Verfahren unendlich viel Zeit erfordern, so ist diese Methode der vollkommenen Socialität doch wohl eines der Mittel, wodurch sich bei ihnen die Schule erhält, die uns nach und nach ganz abhanden gekommen ist. Denn die Schule in der scenischen Kunst beruht hauptsächlich darauf, daß der Darsteller nie und unter keiner Bedingung sich der Einsamkeit ergiebt, welche die andern Künste zu ihrer Ausübung mehr oder weniger erfordern, sondern immerdar als Glied eines Ganzen, einer Mitgenossenschaft sucht, versucht und wirkt. Sie sprechen den Wunsch aus, daß ein Fürst eine Akademie der Darstellung gründen möchte, und hoffen von einer

solchen die Regeneration der Kunst. Lieber Freund,
da kann ich Ihnen nicht beistimmen. Die dramatische Kunst hat, wo sie blühte, unter dem Hauche
der Freiheit entweder, oder belebt von dem Höchsten,
was gerade in der Zeit war, sich entfaltet. Die
Freiheit war ihr Element in Griechenland und
England, wo Shakespeare der gekränkten Tochter
eines lasterhaften Vaters diesen zwar mit weiser
Schonung aber doch für jeden Kundigen kennbar
vorführen durfte. In Spanien lebte die Bühne
von den großen Ideen der Devotion, des Ritter-
und Königthums; Ludwig XIV, unter dem das
französische Theater seine Glanzperiode hatte und
zum größten Theil Nahrung aus dem Geiste, den
er seinem Hofe gegeben, zog, war mit allen Feh-
lern und Schwächen doch ohne Frage der hervor-
ragendste Mann der Nation. Ueberall also, wohin
wir blicken, durften in jenen begünstigten Zeiten
die Dichter das Beste, Aechteste kühn fassen und
darstellen; die Schauspieler wuchsen und erstarkten
an mächtigen Werken und nur so konnten sie wach-
sen und erstarken, denn der Künstler wird nur an
großen Aufgaben selber groß. — Wie steht es nun
bei uns? Unsere Fürsten sind sammt und sonders
Barbaren, und nicht ein Einziger meint es redlich

mit der großen Sache deutschen Geistes, wie es einst Karl August von Weimar that. Würde also ein academisches Institut unter dem Patronate irgendwelches der jetzigen deutschen Fürsten nicht sofort von der entnervendsten Hofluft durchzogen werden? würden seine Zöglinge sich an Werken bethätigen dürfen, in denen ein kühner und freier Geist die Geschicke der Könige und Völker enthüllt, oder überhaupt etwas giebt, was sich nicht im hergebrachten Geleise bewegte? Vielleicht ersteht uns einmal eine Bühne fern von den Einflüssen der Camarilla und der Lethargie der Majestät, auf dem Boden eines empfänglichen Publikums, in der begeisterte Kräfte republikanisch walten und Alles und Jedes versuchen, welche dennoch aber von einem dichtenden und ordnenden Geiste harmonisch zusammengehalten werden; und wenn eine solche Bühne ersteht, so wird von ihr aus nach und nach sich ein besserer Sinn verbreiten. Die Düsseldorfer Bühne war der Ansatz zu einer solchen; man ließ mich schmählich fallen, und ich kann nur wünschen, daß ein Glücklicherer unter glücklicheren Umständen vollbringe, was mir die Sterne versagten.

Der „Fabrikant" gehört zu den merkwürdigen Exponenten der Metamorphose, welche sich gegenwärtig in der Poesie vollbringt. Vor dreißig Jahren war die Phantasie die Individualität, die allein berechtigte Potenz, die reale Wirklichkeit der Dummen, Gemeinen; noch vor dreißig Jahren würde man ein solches Stück für unmöglich gehalten haben. Gegenwärtig strebt alle Poesie zum Realismus, sie will sich finden in der Wirklichkeit, und dabei kommen die Charaktere, welche sonst die Favoriten waren, übel zu stehen. Sie haben wohl gethan, das Stück zu übertragen, denn es ist in seiner Art vortrefflich, obgleich die Art mir nicht die vortrefflichste zu sein scheint. Denn die Heftigkeit der Reaction hat zu einer gewissen renommistischen Auffassung des Gedankens verleitet. Die Poesie hat sollen an einer doch zu dürren Region nachgewiesen werden. Gut gespielt kann das Stück den Erfolg gar nicht verfehlen, den es ja auch schon dort, wie ich aus den öffentlichen Nachrichten sehe, gehabt hat. — Sonderbar genug findet sich unter meinen Papieren der ausgearbeitete Plan zu einem bürgerlichen Schauspiel, in dem ähnliche Gedanken die leitenden sind. Sogar ein Kaufmann und ein Maler kommt auch darin vor. Ob es freilich jemals ausgeführt wird, steht dahin, denn die dramatische Stimmung ist mir vielleicht für immer vergangen.

Was Sie mir über Münchhausen gesagt haben, hat mich recht erfreut. Das Werk hat die seltsamste Genesis gehabt. Denn als die ersten beiden Theile fertig waren, trat in meinem Leben der Umschwung ein, der zu meiner Ehe führte, und so schrieb ich die letzten Theile als ein verwandelter Mensch. Der zweite Theil, den Sie am wenigsten mögen, hat auch sonst die wenigsten Freunde. Ich selbst habe kein Urtheil darüber, ob das Mißbehagen gerecht ist oder nicht. Sehr lieb ist es mir, daß Sie auch die letzte Wendung, welche Münchhausen erhält, getroffen hat, ich meine, da ist mir Etwas geglückt, nämlich einem Irrwisch dennoch Natur und Consistenz zu geben. In der Idylle sehen Sie auch die Poesie an der Wirklichkeit entwickelt und zwar an einer Wirklichkeit der bescheidensten Art, an einem Westphälischen Bauernhofe. Die Mißheirath habe ich aus einem doppelten Grunde nicht in der directen Linie herbeigeführt. Einmal würde, wenn Lisbeths Heroismus allein und für sich die Sache zu Ende geführt hätte, die bürgerliche Geschichte aus dem weichen Elemente, aus den Halbtönen, die ihr eignen, sich zu weit entfernt haben. Zweitens wäre die Mißheirath dann unter zu günstigen, zu sehr den gewissen Sieg für das Leben versprechenden Auspicien geschlossen worden. Und das sollte sie nicht, sie sollte dem Paare eine Aufgabe bleiben, an der es erst recht allen Gehalt seines Innern zu entwickeln bestimmt war.

Wir haben hier vor acht Tagen ein interessantes Problem gelöst, nämlich mit Dilettanten ein Shakespearsches Lustspiel auf einer Nachbildung der Altenglischen Bühne dargestellt. Davon demnächst einmal; denn heute würde die Mittheilung zu weitläuftig werden.

Ich wünsche, daß mein Brief Sie in heiterer Lebenskraft trifft. Lassen Sie bald wieder etwas von sich hören.

Die schwierige Arbeit, von der ich sprach, heißt: Düsseldorfer Anfänge, und stellt unsere hiesigen wunderlichen Zustände dar. Lesen Sie sie, wenn sie Ihnen zu Gesichte kommt. Sie erscheint in der deutschen Pandora, und diese giebt das Literatur-Comtoir in Stuttgart heraus. Gegen den Sommer wird wohl der Band erscheinen.

Mit theilnehmender Freundschaft
der Ihrige

Düsseldorf d. 11. März 1840.
Immermann.

An den Grafen von Redern in Berlin.

Hochgeborener Herr Graf,

Hochzuverehrender Herr General-Intendant!

Ew. Hochgeboren günstiges Urtheil über den ersten Theil meines Alexis, welches Dieselben durch das verehrliche Schreiben vom 17. November v. Jahres mir zu eröffnen die Gewogenheit hatten, mußte mir überaus erfreulich sein. Die Meinung Ew. Hochgeboren über mein Werk ist für mich äußerst schätzbar, und die gütige Mittheilung derselben verpflichtet mich zum gefühltesten Danke. Dieser Beweis einer achtenden Gesinnung hat in hohem Grade dazu beigetragen, den Schmerz zu mildern, welcher eine natürliche Folge getäuschter Erwartung ist.

Ich hatte an dieses Gedicht die volle Wärme meiner Seele gewandt, den künstlerischen Fleiß bei der Ausführung nicht gespart, und nach der Vollendung die Arbeit auch noch mit Rücksicht auf die Forderungen, welche die wirkliche Bühne mit Recht machen darf, einer strengen Revision unterworfen. Warum soll ich es läugnen, daß ich mich mit der Erwartung trug, das Gedicht werde der dortigen Bühne nicht unwillkommen sein und begünstigt von Ew. Hochgeboren förderndem Wohlwollen ohne Hemmniß zu einer lebendig charakteristischen Darstellung gelangen? Warum soll ich es ferner läugnen, daß, als mir diese Hoffnung genommen wurde, ich mich um so unangenehmer berührt fühlte, je weniger ich unter allen möglichen Umständen denjenigen, welchen ich erfuhr, vorauszuahnden im Stande gewesen war.

Ich kann es bei der gemischten Natur unseres Theaterpublikums begreifen, daß man Bedenken hegen mag, dramatische Dichtungen, welche entweder vaterländische Ereignisse der jüngsten Vergangenheit behandeln, oder gewisse Töne des Tages stark anklingen lassen, auf die Bühne zu bringen. Ich selbst habe bereits unter solchen Rücksichten zu leiden gehabt, als ich vor mehreren Jahren mein Drama: das Trauerspiel in Tyrol, dem früheren Chef der General-Intendanz mittheilte. Auch damals wurde die Aufführung der

Zeitverhältnisse wegen versagt. Ich wußte mich hierüber zu resigniren, obgleich ich es niederschlagend fand, daß einem deutschen Dichter nicht gestattet sein sollte, seines Volkes überstandenes Geschick diesem Volke vorzuführen, und obgleich ich, die Sache von einem gewissen allgemeinen Gesichtspunkt betrachtend, meinte, daß der Ernst der wahren Tragödie zu groß sei, um vorübergehende Tagesinteressen und Tagesmeinungen aufzuregen und zu entzünden.

Indessen mag die Erfahrung in anderer Weise entscheiden. Jetzt aber ist es mir nicht gelungen, eine Seite zu ergründen, von welcher aus der gegenwärtige Fall sich als ein erdenklicher darstellt. Ich habe ein Ereigniß dramatisirt, welches in fremdem Lande sich zutrug, ein Ereigniß, welches längst der Geschichte anheim gefallen ist. Selbst der Scharfsinn der Böswilligkeit wird in meiner Behandlung nichts zu entdecken vermögen, was auf die Bewegungen der Zeit nur im entferntesten hinzudeuten wäre. Allerdings ist der große Mann, welcher mich begeisterte, abweichend von der allgemeinen panegyrischen Art, in welcher man uns denselben bisher hin und wieder auf den Brettern zu zeigen pflegte, aufgefaßt worden, ich konnte die

Schatten des Gemäldes nicht hinweglassen, die Beimischung des Unnatürlichen, die an seinem gewaltigen Schaffen und Wirken haftet, nicht verhüllen, sollte das Gemälde wahr und bedeutend werden. Aber die Poesie trägt, nach meiner Ansicht, ihren Helden den Zoll der Bewunderung nur dadurch ab, daß sie dieselben so tief und allseitig wie die Natur einst sie hingestellt hatte, nachzuschaffen versucht.

In der Offenheit, mit welcher ich diese Bemerkungen vorzutragen mir erlaubt habe, werden Ew. Hochgeboren hoffentlich zu meinen Gunsten den Beweis finden — wenn es überhaupt eines solchen Beweises noch bedürfen sollte — daß neben dem Erstaunen über das eingetretene Hinderniß, die Ueberzeugung von dessen Existenz für Ew. Hochgeboren, vollkommen unabhängig in mir besteht, und daß ich, wie unangenehm mich die Sache selbst überraschte, gegen Ew. Hochgeboren nur das Gefühl des Dankes und der Verehrung bewahrt habe. Gewiß aber ist es, daß, wenn die Erwägungen der Diplomatie in so weit gehendem Zwange das Gebiet der Dichtkunst beschränken, bei den Wechselfällen der ersteren bald kein Stoff mehr aus der neueren Geschichte irgend eines Europäischen Landes als unverfänglich erscheinen dürfte. Und doch ist gerade diese neuere Geschichte von jeher die ergiebigste Quelle kräftiger und wirksamer dramatischer Gebilde gewesen.

Innig durchdrungen von der Wahrheit, daß unser Staat seine schönste und eigentlichste Bedeutung in dem Schutze der geistigen Freiheit findet, kann ich daher den Trost nicht aufgeben, daß nur der gegenwärtige erregte Moment meinem Gedichte widrig gewesen sei. Ich nehme mithin keinen Anstand, und beehre mich, Ew. Hochgeboren auch den zweiten Theil des Werkes vorzulegen, mit dem Wunsche, daß es demselben gelingen möge, Ihre hochachtbare Stimme ebenfalls für sich zu gewinnen. Beide Theile bilden ein Ganzes, und die Darstellenden finden im zweiten Manches, was ihnen für die Auffassung der Charaktere im ersten nicht ohne Nutzen sein wird.

Da Ew. Hochgeboren nunmehr Sich im Besitz des ganzen Werkes befinden, so werden Dieselben im Stande sein zu entscheiden, ob eine Aussicht für die dereinstige Darstellung bleibe, oder nicht. Im ersten Falle werde ich mein Gedicht mit Vergnügen in Ihren Händen lassen und den Druck desselben nicht veranstalten, damit das Publikum den frischen und neuen Eindruck unverkürzt davon empfange. Sowie aber Ew. Hochgeboren das Werk zurückzuweisen sich entschließen, bitte ich gehorsamst die Handschriften mir geneigtest remittiren lassen zu wollen.

Wenn ich in diesem Schreiben über die Grenzen allgemeiner conventioneller Aeußerung hinausgegangen bin, so hoffe ich durch den Gegenstand entschuldigt zu sein. Die Kunst ist mir etwas Wichtiges und Heiliges, und ich kann mich nicht gewöhnen etwas, worauf ich jahrelange Studien gewendet habe, gleichgültig und leicht zu behandeln. Ew. Hochgeboren haben in mir ein Zutrauen erweckt, und mir die Hoffnung auf die Möglichkeit eines Verhältnisses mit der Bühne eingeflößt, zu einer Zeit, als ich beinahe schon jedem Gedanken an ein solches Verhältniß entsagt hatte. Ich konnte, nach meiner Individualität, mein Zutrauen nicht anders ausdrücken als indem ich mir erlaubte über das Materielle der Sache selbst zu Ew. Hochgeboren zu reden.

Genehmigen ꝛc.

An Ludwig Tieck.

Wohlgeborener Herr,

Hochgeehrtester Herr Hofrath!

Ich erlaube mir Ew. Wohlgeboren beifolgend ganz ergebenst ein dramatisches Gedicht mitzutheilen, von dem ich wohl wünschte, daß dasselbe vor dem Erscheinen im Druck, dargestellt werden möchte. Insofern Sie glauben, daß es für die Bühne sich eigne, würde ich daher diesen Wunsch hiermit auch in Beziehung auf die dortige ausgesprochen haben. Nach dem, was mir aus öffentlichen Nachrichten über Ew. Wohlgeboren Verhältniß zum Dresdener Theater bekannt ist, hoffe ich durch die unmittelbare Ueberreichung meiner Arbeit an Sie, mich nicht zu weit von der Ordnung des Geschäftes entfernt zu haben. Jedenfalls wird man den Verstoß entschuldigen, wenn ich hierin irrte. Es war natürlich, daß ich mein Gedicht am liebsten in die

Hände des Dichters legen mochte. Lassen Sie mich indessen, mein hochgeehrter Herr, diesen Worten sogleich hinzufügen, daß mich ein Gefühl der Ehrfurcht vor Ihrer höchst würdigen Stellung in der Literatur der Gegenwart mehr angetrieben hat Ihnen mein Werk vorzulegen, als ein leidenschaftliches Verlangen dasselbe auf den Brettern zu sehen. Treten daher die Zeitumstände oder andere Ursachen der Aufführung des Alexis hindernd entgegen, so werde ich mich darüber leicht zu beruhigen wissen. Die Erfahrungen der letzten 15 Jahre müssen uns soweit belehrt haben, daß wir uns, selbst im glücklichsten Falle eines sogenannten Erfolges, einer ungetrübten Freude kaum überlassen dürfen, die doch nur gerechtfertigt wäre, wenn das scenische Gelingen uns den dramatischen Werth des Dargestellten noch verbürgen könnte. Mein Wunsch bezieht sich ohnehin nur auf die beiden ersten Theile. Obgleich ich auch den dritten ganz dramatisch zu bilden wenigstens beabsichtigt habe, so würden doch die Schauspieler, wie sie nun einmal jetzt sind, schon in der feierlicheren Form und in den künstlicheren Maaßen desselben unübersteigbare Schwierigkeiten finden. Mir ergab sich diese Form aus der Natur des Stoffs. Wenn in den

ersten Theilen der Gegenstand mehr von der Seite
der Abnormität gegriffen wurde, so war es die
Sache des letzten, diese Anomalien unter die allgemeinen Gesetze des Daseins auch sichtlich zu
ordnen und das früherhin vorherrschende Charakteristische in die Schönheit aufzulösen. In gewissem Sinn mußte ich mich daher, sowohl was die
innere Oeconomie als die äußere Gestaltung betrifft, der Antike nähern, in welcher diese Art der
Behandlung hervorsticht.

Ich bin von der Geschichte verschiedentlich ab-
gewichen. Die sogenannte Verschwörung von Sus-
dal, welche den Inhalt des ersten Theils bildet,
gedieh nicht zu der abgeschlossenen Gestalt, die ich
ihr gegeben habe. Bei der Katastrophe des Alexis
traten die Gegensätze wenigstens sichtbar nicht so
schroff und seltsam auf wie in meinem zweiten
Stücke, und die Fabel des dritten Theils liegt,
den Treubruch der Katharina und die verzweiflungs-
volle Finsterniß der letzten Lebenstage Peters ab-
gerechnet, ganz im Gebiete des nur mythisch Möglichen.

Sie haben sich verschiedentlich gegen die Will-
kür in der Behandlung der Geschichte ausgespro-

chen. Auch der verewigte Solger äußerte sich, wenn ich nicht irre, gelegentlich in diesem Sinne.

Ich muß gestehen, daß ich dem Dichter gern die höchste Freiheit bei der Behandlung des historisch Gegebenen bewahren möchte. Zeigt sich freilich in seinem Werke überhaupt statt der lebenskräftigen Idee ein hohles, verblasenes Wesen, oder ist bei Erzeugnissen höheren Ranges, hier und da, ein ästhetischer Mangel sichtbar, dann muß es erlaubt sein, aus dem Gedichte hinaus in die Geschichte zu blicken und die Schwäche des Blicks zu rügen, der vielleicht die größten und gründlichsten Motive nur nicht zu sehen vermochte. Immer aber wird, glaube ich, auch bei diesem Punkte die Betrachtung von der Poesie auszugehen haben. Und so habe ich Sie auch nur verstanden, da Ihr Urtheil, wo es auf das Historische Bezug nahm, in der That immer sich an die Auffindung dichterischer Mängel knüpfte.

Macht man aber aus dem, was nur im einzelnen Fall Geltung hat, ein allgemeines Princip, tritt man, wie es jetzt wohl zu geschehen pflegt, von außen mit dem historischen Maaßstabe an das poetische Werk hinan, so scheinen noch die ersten Elemente der ästhetischen Erkenntniß zu fehlen. Man kann jener Betrachtungsweise durch die Frage begegnen: Wozu es der Poesie überhaupt noch bedürfte, wenn die Geschichte schon Alles enthält? Und ob denn der Stoff, den der Historiker darzureichen glaubt, für den Dichter nicht erst zu existiren beginne, wenn ihn die Phantasie nach ihren ganz eigenthümlichen Gesetzen bereits ergriffen, verknüpft und umgestaltet hat? — In diesem neuen vornehmen Kleide zeigt sich dann nur wieder der alte antikünstlerische Geist der gemeinen Naturbetrachtung, der im 18ten Jahrhundert sich als psychologische Anforderung, Verlangen nach Wahrscheinlichkeit u. s. w. geberdete.

Was meinen Stoff betrifft, so wurde ich davon in meinem Innern nur berührt und erschüttert, insofern er mir das Schauspiel eines großen und ungeheuren Irrthums darbot. Vielleicht hat nie ein Mensch tiefer das Unendliche, welches im Menschen liegt, gefühlt als Peter der Große, und vielleicht war nie Einer durch die Schranken seines Wesens und durch eine feindliche Umgebung unglückseliger gefesselt. Er unternimmt es, seine Slaven zum Weltbestimmenden Volke zu machen, und übersieht, daß es diesem Stamme an allem geistig Zeugenden fehlt; er bleibt selbst ein Slave, dem die Aufgabe auf Nachahmung und Aneignung hinausläuft, und die Muster muß er aus seiner Zeit nehmen, der schlechtesten die es geben konnte, weil sie allen organischen Zusammenhang in Kirche, Staat und Lebensgestaltung verloren hatte. So schafft das gewaltigste Wirken ein äußeres Gehäuse von Macht und Größe, dem nur die Seele fehlt, und glaubwürdige Berichte erzählen uns von der furchtbaren Nacht seiner letzten Stunden. In diesen Gefühlen und Anschauungen ging mir der Gegenstand auf, und danach hat sich freilich alles Einzelne bei mir umgebildet. In den Bojaren zeigte sich mir der Held, unwiderstehlich siegreich, so lange er es nur mit dem Elemente und mit der in sich auch schon zerfallenen, von seiner Einwirkung angezehrten Alt-Russischen Magnatenwelt zu thun hat; wo es aber, wie im Gericht zu St. Petersburg, auf einen lebendigen, sittlichen Akt ankam, da sank er nur immer tiefer in die lächerlich fürchterlichen Widersprüche seiner eigenen gemachten Schöpfung. Der Sohn wird geopfert um etwas, dessen Nichtigkeit der Vater selbst zu ahnen beginnt, und die schlechteste Gestalt gängelt ihn am Faden eines armseligen, dürren Begriffs, den er aber dann doch nicht entbehren kann, will er blei ben was er ist. Die Auflösung aller dieser Dissonanzen lag mir aber in dem Hervortreten der alten slavischen Natur, in ihrer Riesenkraft, wenn sie aufs Aeußerste gebracht wird. Dies war die Aufgabe des dritten Theils. Tod und vollkommene Trennung des zu einem Scheinleben zusammengefügt Gewesenen erschien mir nach der Natur des poetischen Gedankens als die einzig mögliche Harmonie.

Ich muß sehr um Verzeihung bitten, daß ich ohne das Glück Ihrer näheren Bekanntschaft zu genießen, gewagt habe so weitläufig zu sein. Indessen entsprang aus dem Muthe Ihnen das Gedicht zu senden, auch nothwendig der, über den Gegenstand zu reden, der mich eine lange Zeit hindurch gefesselt hat. Vor Allem wünsche ich, daß Sie in dem Gesagten keine eitle Meinung über meine Arbeit erblicken mögen. Ich fühle nur zu wohl den Unterschied einer lebhaften Empfindung über die Dinge und die Welt und eines dichterischen Gelingens, und ich kann in Wahrheit versichern, daß ich über den Werth dieser Dramen ganz im Dunkeln bin.

Zugleich benutze ich diese Gelegenheit um Ihnen meinen aufrichtigsten Dank für den hohen Genuß zu sagen, den mir der zweite Theil Ihres Dichterlebens gewährt hat. In den beiden Shakespeare-Novellen ist mir das geheimnißvolle Schaffen der Phantasie am klarsten geworden, und ich kann den Eindruck, den sie auf mich gemacht haben, nicht anders bezeichnen als indem ich sage, daß, wenn es nicht so zugegangen ist, es doch nothwendig so hätte zugehen müssen. Mögen die Zeitverhältnisse und die dortigen Verwickelungen Ihnen Heiterkeit und Freiheit lassen uns ferner zu erfreuen und zu belehren.

Mit der ausgezeichnetsten Hochachtung ꝛc.

N. S.

Ich lege einen Scherz bei, den ich vor einigen Jahren schrieb. In unsrer großen Zeit konnte Däumchen wohl auch einmal ritterlich und heldenhaft auftreten.

II.

Von bedeutenden Aufgaben, die seit der Zeit gelöst worden sind, kann ich Ihnen ferner Macbeth nennen. Ich wollte ihn erst nach Ihrer Uebersetzung geben; aber als ich erwog, daß für diesen

Vers unsern Schauspielern noch die Zunge, und unserm Publico das Ohr gebricht, so entschied ich mich doch für Schiller, legte aber die Hexen-Scene aus Ihrer Uebersetzung ein. Die Hexen wurden nicht als Furien, sondern als häßliche ekelhafte alte Weiber gespielt, wo mir dann wenigstens die Genugthuung wurde, daß während jene Gestalten in der Regel Lachen erregen, diesmal ein rohes Sonntagspublikum dem alten Weibergespräche so still zuhörte, als säße es in der Kirche.

Den ersten Act schloß ich, zum Theil durch die Beschränkung meiner kleinen Bühne gezwungen, mit der 4ten Scene, so daß nun der ganze Aufzug ein kurzes stürmisches Schlacht-, Zauber- und Charakter-Bild war.

Der zweite Act begann mit der Brief lesenden Lady, und in diesem hatte ich von Schakespeares mir durch Sie erst klar gemachten Intentionen so viel gerettet, als möglich war. Die Scene blieb unverändert, und stellte einen engen gothischen Hof des Schlosses Inverneß mit einem Balcon und verschiedenen Ein- und Ausgängen vor. Der Act begann gegen Abend, dauerte die Nacht hindurch, und schloß am Morgen. Freier Himmel, der Mond hinter schwarzen Wolken, Sturm und Regen spielten mit.

Das Arrangement war so:

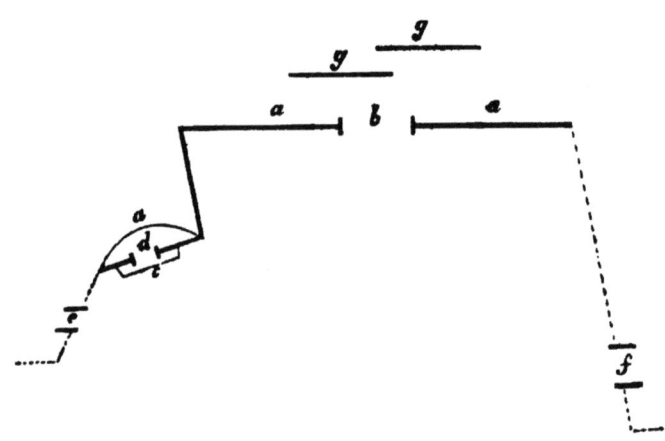

a a a Hauptgebäude des Schlosses mit einem seitwärts hervorspringenden Vorbau.

b Pforte, durch welche die Lady Brief lesend, und am Morgen nach dem Morde auftritt.

c Eine Treppe mit Balcon an dem Seiten-Vorsprunge des Hauptgebäudes. In diesem Seiten-Vorsprunge wurde der Speisesaal, das Schlafzimmer Duncans und des Prinzen angenommen. Duncan führte die Lady über diese Treppe durch eine Thür *d* ab. Die Lords gingen durch die untere Thüre *b* und kamen aus derselben.

e Seitenpforte zu äußeren Schloßgebäuden, worin die Schlafkammer der Lords angenommen wurde.

Sie gingen also am Abend von *b* nach *e* und stürzten am Morgen aus *e*.

f Seitenpforte zu der Pförtnerwohnung und Wirthschafts-Gebäuden, woher am Abend die Speisen getragen wurden.

g g Hintergebäude, Zugbrücke, Thürme, Gebüsch.

Durch diese Anordnung bekamen nun die Scenen, welche sonst trotz des in ihnen waltenden Uebermaaßes von Poesie kalt vorübergehen, ein äußeres deutliches Leben. Die wirkliche mondbeschienene Architectur hatte schon etwas Geheimes, Grauenvolles, und nun das Gehen und Kommen von verschiedenen Seiten, aus den Thüren, das Hinauf- und Hinuntersteigen! Wahrhaft sublim machte sich der Moment, wo die Lady unten an der Balcon-Treppe lauschend gekauert flüstert und Macbeth oben auf den Balcon mit ein Paar entsetzten Worten hinaus und gleich wieder zurück stürzt.

Sehr schön baute sich auch bei dieser Einrichtung das Tableau des Morgens. Von allen Seiten kommen Gruppen zu Stande, und den Gipfel bildeten die beiden Prinzen, die oben auf dem Balcon bleiben.

Reußler, den Sie in Baden kennen gelernt haben, spielte den Macbeth, roh, verworren, halb verrückt von Stolz und Glaubensſprüchen, nach meinem Gefühle nicht unwürdig des großen Werks, freilich nicht in dem Sinne unſres Publikums, welches hier wie aller Orten verlangt, daß der Held, wenn er auch seinem König die Kehle abschneidet, von Liebenswürdigkeit glänzen ſoll. Herrlich wurde Macduff gegeben, nie habe ich die Worte des 2ten Acts mit ſo grandioſem Pathos vortragen hören; ich wurde an Aeſchylus erinnert. Schenk heißt der Schauſpieler, der ihn gab.

Die Nachtwandelſcenen ließ ich ohne allen Accent und scharfes Einſetzen der Worte, was ſonſt üblich iſt, ſondern nur ſo leiſe tonlos hinflüſternd sprechen.

III.

Wie ich Ihnen vor einigen Tagen schrieb, benutze ich gegenwärtig die Gelegenheit, Ihnen noch einiges Nähere über die Aufführung des Alexis durch Herrn Weymar mitzutheilen, den ich Ihnen zu gütiger Aufnahme bestens empfehle. Er selbst hat sich in der Rolle des Alexis recht gut aus der Sache gezogen, und das Einzelne, was ich noch hin und wieder in der Aufführung vermißte, würde wohl auch kein anderer Darsteller in dieser schwierigen und verwickelten Rolle gleich bei der ersten Aufführung besser als er geleistet haben.

Die beiden Theile wurden, wie die beiliegenden Zettel besagen, an zwei Abenden hinter einander gegeben. Es war eine gewaltige Arbeit, diese zehn Acte in wenigen Wochen in die Scene zu setzen. Die Hauptschwierigkeit, welche sich bei dem Geschäfte zuerst aufthat, war, daß fast alle Rollen sich als Charakterrollen zeigten, und eigentlich keine in der hergebrachten Bühnenweise zu spielen war. Eine fernere Schwierigkeit lag in dem Laconismus der Expositionen und historischen Töne, so daß die Schauspieler nun wieder gezwungen waren, von ihrer Gewohnheit abzuweichen, und diese Dinge mit einer Präcision vorzutragen, welche dieselben allein für die Zuschauer verständlich machen konnte.

Dies waren die wahren Schwierigkeiten. Alle übrige, welche Directionen und Intendanzen aus dem Scenischen hervorgesucht haben, ließen sich bei dem ernsten Angriff der Sache nicht entdecken.

Indessen sind auch jene zu überwinden gewesen. Die Darstellung des ersten Theils hatte noch hin und wieder etwas Unsicheres, Unfertiges, Ueberladenes, die Aufgabe war für die Darstellenden noch zu neu; doch ging Alles im Ganzen mit Geist, Kraft und Energie vorwärts.

Die meiste dramatische Wirkung entwickelte sich in den Bojarenscenen des ersten Aufzuges, in den Scenen des Alexis im zweiten Aufzuge, in der für undarstellbar ausgegebenen Schiffsscene, in der Bauernscene des vierten Aufzugs, und in der Schlußscene zwischen Vater und Sohn.

Wie ich die Schiffsscene arrangirt, wird Ihnen Herr Weymar noch näher sagen.

Im zweiten Theile war nun Alles zu Hause, und diese Vorstellung rollte mit einer Kraft und Gewalt ab, wie man selten ein dramatisches Werk producirt sieht; ich kann sagen, daß ein Jeder darin mit Begeisterung spielte, man mußte diese Vorstellung eine vollkommene nennen. Die todte Form, an welcher der lebendige Czar zerbricht, gewann durch charakteristische Darstellung des Tolskoi selbst ein furchtbares Leben. Die Erscheinung des Gerichts hatte ich so imposant als möglich gemacht;

auch hierüber wird Ihnen Herr Weymar das Nähere sagen.

Was mir sehr zu Statten kam, war, daß der Schauspieler, welcher den Czar spielte, ganz in meine Absichten eingegangen war, und wirklich etwas Großes leistete.

Der Effect auf die Zuschauer war denn so, daß der erste Theil wie ein Prolog wirkte, sie in Spannung und Aufmerksamkeit erhielt, der zweite Theil aber sie fortriß. In diesem Theile wechselten nur die untrüglichen Zeichen der vollendeten Wirkung ab, nämlich Todtenstille und lebhafter Applaus.

Da ich Ihren Antheil an diesen Sachen kenne, so bin ich so weitläuftig gewesen und fürchte nicht Sie damit ermüdet zu haben. Mancher trübe Zweifel, welchen die Vernachlässigung meiner Arbeiten Seitens der sogenannten realen Bühne hervorgebracht hatte, sind durch die Aufführung des Alexis und durch die des Hofer im vorigen Jahre niedergeschlagen worden. Ich weiß nun, daß diese Stücke dem deutschen Theater angehören, und über kurz oder lang über dasselbe ihren Gang nehmen müssen, wie sehr man sich auch dagegen sperren mag.

Jetzt bin ich am Blaubart und habe heute die erste Lehrprobe davon gehalten, bei welcher Herr Weymar auch noch zugegen war.

Ich leide an meinem Augenübel und muß mich deshalb fremder gütiger Hand bedienen um mich mit Ihnen unterhalten zu können. Das Verdrießlichste bei diesem Umstande ist mir, daß sich dadurch vielleicht die Aufführung des Blaubarts verzögert.

IV.

Ich übersende Ihnen den Zettel der gestrigen Aufführung des Blaubarts, welche ein sehr erfreuliches Resultat gegeben hat; das Erfreulichste war mir, daß das Stück sich wirklich, wie ich beständig geglaubt hatte, als völlig dramatisch-theatralisch bewährt hat. Die sonderbaren Maskenfiguren der ersten Scene beschäftigen und fesseln, und bringen bei dem überhaupt für Poesie Empfänglichen sogleich die gehörige Stimmung hervor. Nach und nach tritt der Ernst heran, die Spannung steigert sich, und wächst bis gegen das Ende zum tragischen

Affect, auf welchem Gipfel sich das Werk wieder durch Scherz gelinde beruhigt. Kurz, es sind in diesem freien Gebilde der Phantasie zugleich alle Requisite des materiellen Theaters vorhanden. Das wußte ich längst von diesem, wie von manchem anderen Ihrer oder Anderer Werke, allein es ist doch erfreulich, dieses isolirte Wissen nun auch durch die Praxis bewährt zu sehen. Mein Glaube steht fester als je, daß unsere Bühne nicht verarmt ist, vielmehr auf der Stelle reich dastehen würde, wenn wir uns nur entschließen könnten, die unbenutzten Schätze, welche wir besitzen, hinauf zu fördern.

Die Darstellung war eine gute zu nennen; ich glaube, daß Sie mit derselben nicht unzufrieden gewesen sein würden. Obgleich Vieles in den Händen größerer Künstler (das Stück verlangt bis in die kleinsten Rollen hinein eigentliche bedeutende Talente) noch schärfer, origineller, markiger ausgefallen wäre, so kann man doch dreist behaupten, daß der Sinn und Humor keiner einzigen Scene verloren gegangen ist. Selbst bis zu den Handlangern hinab, war es gelungen, den Geist des Ganzen ihnen beizubringen. Und das Stück zeigte sich so leicht behandelbar, daß ich mit geringen Vorbereitungen dessen mächtig geworden bin. Eine

Vorlesung, zwei Lese- und drei Theaterproben genügten, den Blaubart in die Scene zu setzen.

In besonders guten Händen waren Agnes, Simon, Winfred, Rathgeber; auch der Blaubart und der Narr waren nicht schlecht. Mechthilde muß ich ebenfalls lobend erwähnen. Sublim machte sich die Erzählung des Märchens, welche Scene ich tableauartig hatte arrangiren lassen. Im Ganzen ließ ich die Farben dreist und keck auftragen, auch was Costüme, Maske, Apparat u. s. w. betrifft.

Da wir beide den schändlichen Zustand unsers heutigen Theaterpublikums kennen, so werden Sie Sich nicht wundern, wenn ich Ihnen sage, daß ich mit stiller Resignation ins Theater ging, auf eine völlige Niederlage gefaßt, wobei indessen, wie jener französische König sagte, die Ehre nicht verloren gegangen wäre. Nun war aber der Erfolg ein ganz andrer, angenehmerer. Von vorn herein herrschte die größte Aufmerksamkeit im ganz gefüllten Hause (NB. im schönsten Maiwetter), Alles Lustige, Humoristische wurde belacht, die tiefsinnigen Unterhaltungen zwischen Simon und dem Arzte, diesem und dem Blaubart erregten die größte Lust; tiefe Stille bei den tragischen Scenen, häufiger Applaus, endlich Hervorrufen von Agnes und dem Blaubart, kurz, alle Zeichen eines vollständigen Erfolgs. Ich habe nach diesem Abende die Hoffnung, den Blaubart förmlich dem currenten Repertoir einverleiben zu können. Das ist sehr wenig und sehr viel, wie man es nimmt.

Aus dem Zettel ersehen Sie, daß ich Abänderungen und Einrichtungen des Buchs vorgenommen habe. Sie trauen mir den lächerlichen Dünkel nicht zu, Sie verbessern zu wollen. Allein man muß durchaus, will man bei gewagten Sachen noch einige Chancen des Gelingens für sich behalten, sich gegenwärtig zu Manchem verstehen. So ist es mir ein Erfahrungssatz geworden, daß bei solchen Productionen, je weniger Zwischenacte sind, desto eher noch an einen Erfolg zu denken ist.

Die poetische Stimmung verfliegt bei der barbarischen Menge den Augenblick wieder, wenn sie nicht möglichst condensirt zusammen gehalten wird. Mit der Zusammendrängung der Stella in drei Acte war es mir schon gut gelungen, und nun ist dieselbe Operation, wie ich glaube, auch dem Blaubart zu Statten gekommen. Ich hatte aus Act 1 und 2 den ersten, aus Act 3 und 4 den zweiten Act gemacht, und der 5te Act ist der dritte geworden.

Manches habe ich gekürzt. Dann war es für das Theater durchaus nothwendig, die secundäre Handlung (Marloff, Reinhold, Brigitte, Leopold) völlig zum Abschluß zu bringen, bevor die tragische Katastrophe der Haupthandlung eintrat; weil das Eintreten der zweiten Handlung, nachdem die Haupthandlung zum Ende gediehen ist, für unser nicht mit einem Male von dem Gelüste nach starken Effekten abzubringendes Publikum eine Länge gewesen wäre, welche vielleicht den ganzen Schluß umgeworfen hätte. Ich ließ also schon im finstern Walde den alten Marloff seine Tochter wiederfinden, ihr vergeben und diese ganze Gruppe nur zum Schluß mit einigen auf Agnes bezüglichen Worten wieder eintreten.

Die Scenerie Ihres Werks zum Schluß hätte eine bedeutende tragische Handlung auf einen engen Raum zwischen Podium und Soffiten ängstlich zusammengepreßt; welches, wenigstens auf unsrer kleinen Bühne, die ganze Wirkung vernichtet haben würde. Ich nahm also das ganze Theater zum Altan, ließ hinten das Podium aufnehmen, Luft und vorragende Gebirgsspitzen hinhängen, die Höhe zu versinnlichen, und alle Personen von unten und hinten auf den Altan kommen. Winfred schloß das

Ganze mit einer gereimten Captatio benevolentiae an die Zuschauer. Wenn es Sie interessirt, will ich das Buch, wonach hier gespielt worden ist, übersenden.

Das Liebste wäre mir nun, wenn Ihnen diese Sache auch einige Freude machte. Ist dies der Fall, so würde ich Sie bitten, Ihre Abneigung gegen das Schreiben zu überwinden und mir einige Zeilen zu senden, die ich meinen Schauspielern mittheilen könnte. Das Wort des Dichters würde sie außerordentlich erfreuen, und es ist wohl gewissermaaßen jetzt nöthig, wenn diese verkommenen Menschen einmal sich zum Ungewöhnlichen aufraffen, das Edlere in ihnen auf jede Weise zu bestärken.

Düsseldorf d. 4. Mai 1835.

Immermann.

N. S.

Eine im Gebäude verirrte Katze erschien, munter hin und her springend, in manchen Scenen auf der Bühne, als wollte sie an der Handlung Theil nehmen. Wenn man Ihrer Neigung zu diesen

Thieren sich erinnert, so hat das Ereigniß wirklich etwas Mystisches. Dieser ungestiefelte Kater störte übrigens nicht, da er nur in lustigen Scenen kam, und von Winfred sogleich zu einigen Lazzi verbraucht wurde. Mehrere Zuschauer haben wirklich geglaubt, die Katze gehöre zum Stück.

An Friedrich Halm.

Hochwohlgeborner,

Hochgeehrter Herr!

Ich würde nicht hoffen dürfen, Ihre Verzeihung für mein so langes Schweigen auf Ihre freundlichen und mich erfreuenden Zeilen, wie für die schöne Gabe, welche dieselben begleitete, zu erhalten, wenn ich nicht doch eine Veranlassung gehabt hätte, für meine Antwort erst die Aufführung der Griseldis abzuwarten, um dann ausführlich mit Ihnen über das Werk reden zu können. Vergeben Sie mir daher diesen späten Brief und empfangen Sie vor Allem meinen besten Dank für die so gütige Zusendung Ihrer Dichtung.

Ich las sie gleich nach deren Empfang und fühlte dabei ein großes und steigendes Interesse. Was für mich immer ein Kennzeichen des wahren Gedichtes ist, Ihr Drama versetzte mich von vorn herein in eine specifische Stimmung, die auch durch Nichts in dessen Verlauf paralysirt ward. Die heitere, bunte, galante Welt der Tafelrunde, das strenge, feudalistische Herrenschloß mit seinem lebendig gewordenen Steinpfeiler: Percival, der dunkle, rauchende Wald, und zwischen diesen verschiednen Welten und Kreisen hindurch der rührende Herzenslaut Griseldens, alle diese Elemente sind die Farben und Gestalten eines und eines einigen Bildes, welches so, in dieser Kraft und Frische, in dieser jungfräulichen Anmuth und schlichten Einfalt, nur aus dem Gemüthe eines wahren Dichters entspringen konnte. Durch das Ganze weht ein so unschuldiger, blüthenwarmer Geist, daß mich der Eindruck eines hellen, einsamen Frühlingstages in schöner Wald- und Wiesengegend, zu welcher von Fels und Hügel ernste Burgen einblicken, bei und nach der Lesung nicht verließ. Nur einem Dichter im vollen Sinne des Worts war es vergönnt, einen Charakter wie den der Hauptperson in sich zu empfangen und so zu gestalten; der Zug, der leise durchblickt, daß eine solche Liebe vom Uebermaaß und einer Art feiner Sünde sei, daß folglich Griseldis nicht ohne Schuld leide (worin für mich die tragische Ausgleichung und die Vertheidigung gegen den Vorwurf, daß das Gefühl in dem Stücke gemartert werde, liegt) kündigt den künftigen, dramatischen Meister an, und die Schlußwendung, die Peripetie im Charakter der Griseldis, ist außerordentlich wahr, richtig und tief. Daß aber Alles dies so ohne Absicht, Aufsehen und Anstrengung erreicht wird, daß alle diese glänzenden Vorzüge leicht wie reife, süße Früchte vom Baume fallen, ist nur eine Tugend mehr des Gedichtes.

Freudig, wie seit langer Zeit nichts mehr auf diesem Felde, bewegte mich daher Ihre Schöpfung, und ich glaube Ihrer Zukunft den reichsten Segen vorhersagen zu dürfen. Dort, wo Sie sind, stehen Sie auch auf dem rechten Boden, wo möglicherweise die Regeneration des deutschen Dramas noch gelingen kann. Wenn das dramatische Gedicht, wie wir jetzt wohl sämmtlich überzeugt sind, zum vollen Dasein nur auf den Brettern gelangt, so folgt von selbst, daß wir nur da noch Schauspiele erleben werden, wo, wie in Wien, ein Heerd der Wärme, der Theilnahme, des Bedürfnisses für diese Erscheinung der Poesie glüht, nicht da, wo Reflexion, Ueberlegung, Nachsinnen längst alle unmittelbare Wechselwirkung zwischen der Scene und dem Leben aufgehoben haben. Die Schranken, welche mehrere Oesterreichische Dichter in der Censur und in dem übertriebenen Mißtrauen Ihrer Regierung so schmerzlich fühlen, sind nach meiner Ansicht auch mehr scheinbar als wirklich. Ich glaube nämlich nicht, daß das historisch-politische Drama — welches doch allein von diesen Potenzen bedroht wird — unsere Sphäre ist, noch je werden kann, und ich zweifle deshalb daran, weil wir kein politisches Volk sind, noch die Anlage in uns haben, eins zu werden. Wie soll man denen, die sich in alles öffentliche Unglück, in jeden Regierungswechsel gleichmüthig zu finden wußten, oder ihren Söhnen und Töchtern, vernünftigerweise zumuthen, daß sie der hinter den Lampen nachgeahmte Sturz der Reiche, der Streit um Krone und Scepter, Glanz und Trauer der Feldherrn und Staatsmänner entzünden und begeistern müsse? — Die allgemeinen Interessen des Geistes, das Religiöse, und die Familie bilden die drei Lebensadern unsres Daseins, und diese müssen daher auch dem neuen deutschen Drama, wenn eins entstehen soll, das Blut spenden. Jenes alte, so sehr verachtete deutsche Familienstück ist also doch die eigentliche Incunabel unsrer Dramatik, und auf diesem Wege, nur mit reicherem, größerem, phantasievollerem Geiste, muß fortgewandelt werden. Dort steht nun der Staat keine Gefahr, und so könnte man, wenn man in einer ernsten Angelegenheit scherzen wollte, sagen: die Wiener Censur sei weit mehr eine academische Anstalt, welche die Dichter vor Abwegen bewahre, als eine polizeiliche.

Auch Ihre Griseldis gehört ganz der allgemein menschlichen und der Familiensphäre an, und deshalb ist sie so rasch ein der Nation gemäßes, ihr verwandtes Erzeugniß geworden. Lassen Sie mich nun, da die edlen Worte Ihres Briefs dazu in mir das Vertrauen erwecken und da man ein bedeutendes Talent nur durch Aufrichtigkeit gebührend zu ehren vermag, Ihnen auch nicht verschweigen, was mir, neben den großen Schönheiten Ihres Stücks, darin hat mangelhaft vorkommen wollen. Ich nenne hier zuvörderst den Ueberfluß an Worten und die Neigung, Alles auszusprechen zu wollen, was oft besser mit einem leichten Striche, mit einer Andeutung, mit einem Verschweigen gegeben worden wäre. Nicht selten habe ich mich bestimmen müssen, für die Darstellung bedeutend zu kürzen. Dieser Wortreichthum pflegt aber allen jungen Dichtern eigen zu sein, nur Heinrich von Kleist macht darin eine Ausnahme und tritt gleich in seinen ersten Sachen knapp und präcis auf.

Tiefer liegt ein zweiter Mangel. Wenn das erste Erforderniß des Dramas eine menschliche Handlung ist, und wenn zum Wesen einer solchen gehört, daß sie, zwischen Freiheit und Nothwendigkeit oscillirend, in jedem Augenblicke ihres Fortschreitens doppelten Ausgangs fähig ist, wenn gerade darin ihr Leben und ihr Interesse liegt, so kann man in diesem Sinne nicht sagen, daß in der Griseldis uns eine menschliche Handlung vorgeführt werde. Griseldis steht von vorn herein so treu, so liebevoll und "opfermuthig" da, daß Niemand daran zweifelt, sie werde die drei Proben bestehen, und daß selbst ihr Kampf bei der ersten nicht einen Augenblick über den Ausgang zweifeln macht. Es wird mehr an und mit ihr ein Exempel gelöset, dessen Facit voraus bekannt war, als daß sie uns verflochten und verwickelt in den durch das irdische Dasein hindurchgehenden Grundconflict gezeigt würde. Nimmt man daher, wie man bei einem so genialen Werke muß, die Sache in der ganzen Schärfe, so darf man sagen, Griseldis sei kein Schauspiel im strengen Sinne, sondern gehöre der Mittelgattung der Charaktergemälde an, in welchen das Interesse auf dem Detail des Psychologischen beruht.

Gefühlt haben Sie jenen Conflict sehr wohl, eben in dem Anklange von dem Frevelhaften einer so überschwänglichen Liebe. Es hätte sich nun danach eine Behandlung denken lassen, die freilich zu einer völlig veränderten Oeconomie des Stücks geführt haben würde. Doch das sind Grillen, über welche mich näher zu verbreiten ich billig Bedenken tragen muß. Schon befürchte ich in meinen Mittheilungen zu weitläuftig geworden zu sein.

Was die Aufführung betrifft, so hatte ich mir immer vorgesetzt, den Untergang unsrer Bühne mit Ihrem Morgenrothe zu verschönen; und so ist es denn auch gekommen, wie der anliegende Zettel besagt. Ich glaube, daß Sie mit der Darstellung zufrieden gewesen sein würden. Griseldis war in den Händen einer Schauspielerin, die, gerade für solche Gebilde wunderbar organisirt, das Außerordentlichste leistete, und obgleich die Andern manchen Fehler machten, so waren doch Alle vom Vorgefühl des nahen Scheidens bewegt, und Jeder gab an seiner Stelle das Beste was ihm nur möglich war, so daß das Ganze einen überaus frischen und kräftigen Anstrich hatte, und auch nicht das Geringste lahmte oder versagte. Das Publikum aber suchte im Angesicht des bevorstehenden Verlustes nachzuholen, was es in der Sicherheit des Besitzes, unlöblich genug, oft schuldig geblieben war. Der Applaus begleitete Scene für Scene die Darstellung und wechselte nur mit dem Schluchzen der Rührung und der tiefen Stille der Erschütterung ab. Am Schlusse wurde Griseldis, dann das ganze Personal unter Trompeten= und Paukentusch gerufen; kurz es war ein Abend, der Ihnen Vergnügen gemacht haben würde.

Sie sagen mir gute Worte über meine nun dahingegangene Anstalt; ich danke Ihnen dafür, um so mehr, als das Gefühl der Guten und Besten mein einziger Lohn für jahrelange Mühen bleibt. Die Düsseldorfer Bühne war, ich darf dies wohl aussprechen, eine poetische; leider sah sie sich auf poesielosen Boden gepflanzt, und mußte unter dem öden, marklosen Rheinvolke verschmachten. Zweierlei ist an dem Verfall des deutschen Theaters Schuld: erstens, daß es sich außer Contact mit der Literatur und mit dem Ideenkreise des Kerns der Nation gesetzt hat, zweitens, daß die Darstellung selbst allen Begriff der Schule und der Kunst ver=

lor und die Idee von der Nothwendigkeit eines
bis in das Kleinste harmonischen Ganzen kaum noch
in der abgeschwächtesten Erinnerung kennt. Beidem
suchte ich entgegenzutreten, durch ein von einer
geistigen Aufgabe zur andern fortschreitendes Repertoir, und durch eine Didaskalie, welche jeder
Willkühr der Schauspieler den Weg vertrat, ja
selbst den Schein der Pedanterie und der Sylben-
stecherei nicht scheute, weil mir überhaupt in einer
Darstellung Nichts unwichtig ist. So kam es denn,
daß in Düsseldorf eine Reihe von Dichtungen sich
verkörperte, deren Aufführung man andrer Orten
für unmöglich hält, und daß in unsern guten Darstellungen (denn wir hatten freilich auch herzlich
schlechte) der Bediente und Anmelder an seinem
Platze eben so gut spielte wie der Held und die
erste Liebhaberin an den ihrigen. Meine Träume
waren, daß, wenn die Bühne länger fortbestände,
sich ein frisch herantretender producirender Geist ihr,
als dem bereitesten Mittel für seine Zwecke, zuwen-
den, und daß dieser und jener rationell gebildete
Künstler aus der hiesigen Schule vielleicht hervor-
gehn würde. Es sind Träume geblieben.

Doch genug und schon zu viel. Wenn Ihnen
meine Freimüthigkeit über Griseldis nicht mißfallen

hat, so würde ich Sie um Uebersendung des Adepten zum Lesen bitten. Mich verlangt sehr darnach dieses zweite Stück kennen zu lernen, und ich würde Ihnen die Handschrift, so rasch Sie nur verlangen, remittiren.

Mit aufrichtiger Hochachtung und Werthschätzung

Ihr

Düsseldorf, ganz ergebenster
den 7. April 1837.
Immermann.

Düsseldorf, b. 23. Juni 37.

Für die gute Art, mit welcher Sie, verehrter Herr und Freund, meine Bemerkungen über Griseldis aufgenommen haben, danke ich Ihnen herzlich. Das beigelegte Blatt enthält das Tableau der von mir gemachten Kürzungen, nebst den Gründen für dieselben. Vielleicht wird Ihnen Manches nicht gefallen, da man sich freilich bei dem Anblick fremder Werke nie ganz vom individuellen Standpunkte entfernt, und der meinige mich zu der Kunst, nicht Alles herauszusagen, zuweilen nur anzudeuen u. s. w. als zu den höchsten Geheimnissen der dramatischen Poesie hinführend, betrachten lehrte. Sie bewegen sich nun zur Zeit noch in einem weichen, überfließenden Elemente, und ich räume ein, daß auch dieses zu Inseln der Schönheit tragen kann, welche von dem knappen aphoristischen Style nicht entdeckt werden. Nehmen Sie meine Ansichten für das was sie sind, für Ansichten eines Einzelnen, und ersehen Sie wenigstens auch aus meinen heutigen Mittheilungen ein hohes Interesse an Ihrem Gedichte.

Auf Griseldis beruht denn doch wohl so sehr das Gewicht der eigentlich innern, geistigen Handlung, daß Percivals Kampf mit sich, der allerdings hin und wieder hervortritt, dagegen wenig in Anschlag zu bringen sein möchte. Dies noch in Antwort auf Ihre Entgegnung, und zur Unterstützung des von mir in meinem ersten Briefe Gesagten.

Das kleine dramatische Gemälde, welches Sie mir gütigst übersendet haben, hat mir viel Freude gemacht. Die Gestalt des sterbenden Camoens ist sehr rührend und die Wendung der Katastrophe schön und sinnreich. Wenn ich hier etwas vermißte, so war es das, daß vielleicht noch schlagender das wirkliche Vorhandensein des dichterischen

Genius im jungen Perez hätte nachgewiesen werden müssen. Was er sagt, zeigt mehr von hoher Begeisterung für Poesie, als vom Poeten selbst. Vielleicht daß Sie, wenn Sie späterhin diese Arbeit noch einmal ansehen, jener wunderbaren Züge, die das Wehen der poetischen Flamme im Menschen verrathen, einen finden, und damit die letzte Scene ausstatten. Es thut mir leid, daß ich Ihre Gabe nicht früher erhalten habe, ich würde das Stück gern noch hier haben geben lassen, und bei dem kleinen Personal hätte es eine recht gute Darstellung erleben können.

Es freut mich, daß Sie Ihre Süjets nach dem innersten Kern an und in der Gegenwart erlebt haben; denn diese Gegenwärtigkeit des Gedankens im Stoffe ist wohl das unterscheidende Kennzeichen des Dramas. Es freut mich dies um so mehr, als sich von einem rohen Verbrechen irgend einer modernen Beziehung in Ihren Productionen nichts entdecken läßt und Alles daher in Ihnen gehörig verarbeitet und abgeklärt wird.

Sie würden diese Zeilen weit früher erhalten haben, wenn mich nicht ein Fieber, kurz nach dem Untergange der hiesigen Bühne und vielleicht eine Folge der gehabten aufreibenden Anstrengungen, ergriffen und für mehrere Wochen an das Krankenlager gefesselt hätte. Kaum von demselben erstanden, überfiel mich eine ganz unbezwingliche Productionslust und ich schrieb in den nächsten Wochen der Reconvalescenz ein Trauerspiel, eine Liebestragödie, zu welcher ich den Gedanken schon seit 10 Jahren gefaßt hatte, ohne gleichwohl dafür früher Muth und Stimmung zu gewinnen. In solchen Zeiten geistiger Versenkung aber habe ich zu nichts Anderm Geschick, und so unterblieb meine Antwort bis heute.

Daß ich in meinem 42. Jahre, und nachdem ich längst glaubte, für eigne dramatische Production erstorben zu sein, noch zu einer Liebestragödie kommen muß, bedünkt mich selbst sonderbar. Sollte sie gar gerathen, dabei bühnengerecht, und dies die Folge meiner mehrjährigen praktischen Beschäftigung mit dem realen Theater sein, so hätte das Schicksal sich einmal vernünftig benommen. Ich will das Stück an einige Theater versenden, und auch nach Wien, wo es von dem Vereine der dort denn doch immer noch vorhandenen sehr bedeutenden Talente höchst würdig dargestellt werden könnte.

Wenn Sie erlauben, theile ich Ihnen zuvor die Handschrift mit, um Ihr Urtheil darüber zu hören, wobei ich mir nur unbedingte Freimüthigkeit ausbitten müßte, da ich jeden Tadel hören kann. Lassen Sie mich auch gefälligst wissen, ob ich dieser Sendung, wenn Sie mir dieselbe gestatten, Camoens wieder beilegen soll?

Aufrichtig

ergeben

Immermann.

Sie werden mir gezürnt haben, verehrtester Herr und Freund, daß ich so lange mit meinem Danke für Ihre werthen Gaben zögerte. Ich bin indessen nicht ganz so undankbar gewesen, als der Schein es wider mich bezeugen will, da ich eine geraume Zeit lang während des Sommers krank und unfähig zu andern Dingen als den allergewöhnlichsten war.

Den herzlichsten Dank also für die gütige Sendung. Ich las den Abepten sogleich und habe ihn seitdem noch zweimal wiedergelesen, so daß sich mein Gefühl und Urtheil hat feststellen können. Die Idee, welche Sie darin durchführen, daß Stre=

ben nach Geld immer nur mit dem Scheine des Edeln täuscht, daß der Getäuschte nur hart und schlecht dadurch wird, daß man mit Geld sich Niemand wahrhaft verbindet, und die Beschenkten am ehesten den Schenker verrathen — ist eine echt tragische, und von um so größerem Interesse, als darin ein leiser Anklang von dem betriebsamen Fanatismus unsrer Tage hindurchklingt. Dieser Anklang giebt dem Gedanken der Dichtung ein erhöhtes Leben, mir ist er sehr fühlbar gewesen; Sie schrieben mir früher davon und ich finde, daß es Ihnen gelungen ist, klar zu machen, was Sie andeuten wollten. An der Führung der Handlung in den ersten drei Akten finde ich wenig auszusetzen, die der letzten beiden ist wohl etwas zu lang ausgesponnen, und manche Gegensätze hätten vielleicht schärfer gefaßt werden sollen. Ich glaube, daß sich die Gatten ohne vermittelnde Scenen der Schweizer finden dürften, daß es vielleicht besser gewesen wäre, in Ruobi einen plötzlichen Uebergang von idyllischer Genügsamkeit zu Geldburst eintreten zu lassen.

Mir ist bei wiederholter Lesung der Gedanke aufgestiegen, ob nicht dem Adepten und der Entfaltung seines Charakters noch eine größere Tiefe zu geben gewesen wäre. Und zwar so. Wenn Manuel und der Herzog uns zuvörderst in einer Handlung gezeigt wurden, welche die Fehler der Hoheit und des höfisch=adlichen Lebens darstellte, und nun Werner als der moderne Messias mit dem Gelde rettend dazwischentrat, aber in der Art wie er rettet, doch zugleich an den Tag legte, daß der Sinn, aus welchem die Rettung quoll, und also letztere selbst, nicht viel taugt. Auf diese Weise wäre wohl der tragische Knoten noch fester geschürzt worden. Werners Schuld (welche jetzt fast nur in Unhöflichkeiten besteht, die er gegen Andre übt, denn die Schuld gegen die Seinigen ist nicht als Hebel der Katastrophe benutzt worden, wäre größer, und zugleich erschiene er durch die Verdorbenheit der Großen dennoch gerechtfertigter. Auf diese Weise gewendet, würden manche spätere Scenen, so namentlich die letzte mit Hartneid viel kürzer ausfallen dürfen, und das Stück würde, besonders wenn der 4te und 5te Akt zusammengezogener ge= halten würden, doch das zulässige dramatische Maaß nicht überschreiten. Was ich hier sage, ist freilich nur ein allgemeiner Gedanke, dessen Ausprägung zur bestimmten dramatischen Handlung mir selbst noch nicht aufgegangen ist.

Wollen Sie mir nicht böse sein, wenn ich ganz freimüthig mit der Sprache herausgehe? Der Haupteinwand, den ich gegen die Dichtung habe, und der auch wahrscheinlich Ursach gewesen ist, daß das Stück nicht so gewirkt hat wie Griseldis, ist, daß die Einheit der Handlung nicht darin festgehalten wird. Dieser Fehler kann vorhanden sein, wenn und obgleich Einheit der Idee in einem Werke ist, welche ich nach dem Obengesagten in dem Ihrigen rühmend anerkennen muß.

Aber der Handlungen sind zwei, und die Idee zeigt sich daher in ihrer Einheit mehr episch als dramatisch. — Daß Werner an seinen nächsten und theuersten Pflichten zum Verräther wird, ist das eine Motiv — und dieses wirkt, wie gesagt, keine Katastrophe. Mit dem zweiten Akte beginnt nun eine von dem vorigen ganz unabhängige Kette von Motiven, welche das Verderben des Helden herbeiführen.

Die verzweifelte Stimmung, welche sich in dem sonst sehr schönen letzten Monologe ausspricht, und ihn seinen Feinden überliefert, ist wohl auch mit durch den Tod seines Weibes herbeigeführt, aber doch nicht rein davon erzeugt, und so bleibt in der Katastrophe etwas Dämmerndes, Ungewisses, welches der vollen, tragischen Wirkung schadet. — Dieser Tadel ungeachtet hat mir die Dichtung doch wieder große Freude gemacht, und ich habe darin wieder den reinen, vollen, jugendlichen Geist begrüßt, dem zuletzt auch das Schwerste gelingen wird. In der Sprache finde ich nicht mehr die Ueberfülle der Griseldis, sie ist im Ganzen körnichter und der Scenenbau conciser.

Ich hoffe, Sie deuten mir meine Offenheit nicht übel. Sie entspringt ja nur aus dem Antheil, den ich an Ihnen nehme, und aus der Idee, die ich von Ihnen habe.

Möge mir bald wieder gute und schöne Kunde von Ihnen werden. Nochmals dankend und aufrichtig

ergeben

Düsseldorf, b. 22. Aug. 1838.

Immermann.